KB048344

서른살
청춘표류

서른 살 청춘표류

: 지금 우리에게 필요한 것은

초판 1쇄 발행 2021년 9월 10일

지은이 김달국, 김동현
편집인 옥기종
발행인 송현옥
펴낸곳 노서출판 더블:엔
출판등록 2011년 3월 16일 제2011-000014호

주소 서울시 강서구 마곡서1로 132, 301-901
전화 070_4306_9802
팩스 0505_137_7474
이메일 double_en@naver.com

ISBN 979-11-91382-06-8 (03320) 종이책
ISBN 979-11-91382-56-3 (05320) 전자책

서른살
청춘표류

지금 우리에게 필요한 것은

:

김달국 + 김동현 지음

더블:엔

머리말

스무 살이 풋풋한 청춘이라면 서른 살은 익어가는 청춘이다. 공자는 서른 살에 학문의 기초가 확립되었다고 하여 '삼십이립(三十而立)'이라고 하였다. 서른 살에 바로 서야 할 것이 어찌 학문뿐이겠는가. 살아가는 데 필요한 기초들이 서른 즈음에 바로 서있다면 삶이 순조로울 것이다. 이 나이는 방황하는 시기가 아닌, 학문과 가치관이 바로 서 준비된 청춘으로 살아가야 할 나이이며, 스스로 독립하여 살아가는 시기다. 그러나 현실은 어떠한가. 독립의 출발선상에 서있는 이 땅의 서른 살은 거친 풍파에 흔들리고 있고, 삶의 여행을 시작하기도 전에 표류하고 있다.

한 송이 꽃이 피는 데도 온 우주가 관여를 하는데, 한 사람이 온전히 자신의 꽃을 피우는 데는 얼마나 많은 것들이 관여를 해야 할까? 요즘 청춘의 현실은 부모 세대의 가치관과 경험만으로 살아가기에는 너무 거칠고, 알아야 할 것이 많다. 변화를 바르게 읽고 시대에 맞는 가치관을 가져야 제대로 살아갈 수 있다. 이런 중대한 일을 학교와 개인에게만 맡겨서는 안 된다. 가정에서 깊은 대화를 통해 세상을 보는 눈과 삶의 철학을 바로 세워야 한다.

어릴 때 '부자유친'이란 말이 의아했다. 유교적인 환경에서 아버지와 아들이 친하게 지내야 한다는 것이 이해되지 않았다. 하지만 내가 아버지가 되면 꼭 실천하고 싶었다.

두 딸은 일찍 부모의 품을 떠나 기회가 적어 아쉬웠지만 막내인 아들과는 이야기를 많이 하고 몸으로도 친해졌다. 부자 간에 하기 어려운 권투, 태권도, 킥복싱은 물론 최근 유행하는 UFC도 했고, 지금도 팔씨름을 한다. 대화에는 항상 유머가 넘치며, 대화를 통해 스스로 터득하는 게 더 많은 것 같다. 나도 같이 배운다.

부모역할 중에서 가장 중요한 것은 자식에게 바른 가치관을 심어주어 한 인간으로서 독립적으로 살아갈 수 있게 하는 것이다. 학교에서 미처 가르치지 못하는 것, 살아가는 데 정말 필요한 것은 가정에서 가르쳐야 한다.

내가 청춘시절에는 몰랐지만 지금 알고 있는 것을 자식에게 필살기로 가르쳐주고 싶었다. 부모는 자식의 카운슬러가, 때론 친구가 되어야 한다. 그것이 진정한 부자유친이다.

이 책은 서른 살, 거친 세상을 살아가는 아들과 나눈 이야기를 11개 꼭지로 정리한 것이다. 서른 살 청춘들이 이 책을 통해서 현실적인 가치관을 가질 수 있다면, 힘든 세상을 이겨낼 힘을 조금이라도 얻을 수 있다면 최고의 보람이자 행복이 될 것이다.

2021년 9월 돌골에서
김달국

차 례

머리말 … 4

PART 1 **관계**

친구 : 오랜 친구가 좋은 친구일까? … 13
충고 : 잘못을 충고해주는 친구가 좋은 친구인가요? … 19
갈등 : 누구 편을 들어야 하죠? … 21
화술 : 꼭 말을 잘해야 하는 걸까요? … 22
언어 : 언어의 수준이 그 사람의 수준이란다 … 27
진실 : 못생긴 걸 못생겼다고 말해도 돼요? … 28
소통 : 통화는 오래 하는데 재미가 없어요 … 31
공감 : 저는 상대방이 솔루션을 원하는 줄 알았어요 … 35

PART 2 **자아**

욕구 : 욕구의 완전한 충족이란 게 있을까요? … 43
욕망 : 네 것이 아니면 행복하지 않아 … 48
존재감 : 이유 없는 반항은 없어 … 51
명품 : 가방과 차만 명품이고 사람은? … 53
직업 : 전문성이 먼저다 … 56
기질 : 내성적에서 외향적으로 변할 수 있나요? … 58
자아 : 내가 나를 모르면 바보다 … 61
삶 : 나는 아이 같은 어른으로 살고 싶어 … 64

PART 3   성장

독서 : 4차 산업혁명시대에 필요한 건 사람공부란다 … 69

고전 : 쓸모없이 읽었던 것들이 쓸모있어질 것이다 … 78

여행 : 오지 여행에서 얻는 것이 많더라 … 82

사색 : 지금, 여기에 집중하는 힘 … 87

PART4   중용

과유불급 : 엄마의 말을 들을까요? 니체의 말을 들을까요? … 93

이타주의 : 이기주의는 나쁜 건가요? … 95

인생 : 빛나되 눈부시지 않게 살아라 … 98

선악 : 모르고 하는 게 덜 나쁜 거 아닌가요? … 100

화 : 항상 맑은 날씨가 좋은 것만은 아니다 … 104

균형 : 아폴론과 디오니소스 둘 다 갖추어라 … 107

도덕 : 원수를 어떻게 사랑하나요? … 110

PART 5   결혼

사랑 : 변하는 게 나쁜 것일까? … 115

마음 : 배우자의 조건은 무엇일까? … 120

상상 : 사랑이 상상력과 관계가 있나요? … 123

실연 : 상처를 누적시키는 게 현명한 것일까요? … 127

미움 : 사랑이 없으면 미워할 필요가 없지 … 130

전략 : 결혼생활에는 손자병법도 필요하다 … 136

국제결혼 : 저는 일본 여자가 좋아요 … 138

부부싸움 : 나는 이순신 전법을 쓴다 … 142

차이 : 부부가 성격이 같을 필요가 있을까? … 146

PART 6 불안

기우 : 게임을 하거나 혼술을 할 때가 많아요 … 157
사춘기 : 건강과 죽음에 대해 가장 불안했던 시기 … 159
불안 : 기우와 합리적인 의심 사이 … 162
극복 : 걱정을 적은 종이를 봉투에 넣고 봉해보렴 … 168
위안 : 타인으로부터 자유로워질 수 있다면 … 172

PART 7 죽음

죽음 : 죽을 때도 유머를 할 수 있다면 얼마나 좋을까? … 179
윤회 : 인생은 결국 딱 한 번만 사는 것이란다 … 182
수용 : 죽음에 이르는 과정이 더 두려울 것 같아요 … 185
운명 : 운명이 정해져 있다면 노력할 필요가 없잖아요 … 188
미신 : 귀신은 있다고 생각하세요? … 194

PART 8 사회

정치 : 다음 선거에서 찍을 사람이 없어요 … 201
리더십 : 살아보니 유비보다 조조가 더 좋더라 … 203
좌우 : 진보와 보수를 쉽게 알 수 있는 방법이 있나요? … 207
종교 : 기도를 하면 신이 들어줄까요? … 210
진화론 : 많이 공부하면 신의 존재를 믿게 될까요? … 212
경전 : 문자 그대로 보면 안 된다 … 215
지혜 : 나는 기도보다 공부를 통해서 답을 얻는다 … 218
기도 : 신이 있다면 지금 여기에도 있겠지 … 220

PART 9　내공

삶 : 우리는 왜 태어났을까? … 227

관점 : 마음을 어떻게 다스려야 하나요? … 230

의미 : 그냥 즐겁고 행복하게 살면 되지 않나요? … 234

칭찬 : 꼭 말로 안 해도 상대가 알지 않을까요? … 239

분별심 : 남자 키가 180 이하면 루저라고?? … 243

힘 : 살아가는데 더 필요한 건 외면의 힘 아닌가요? … 247

비움 : 마음대신 머리숱만 비어가는 느낌이에요 … 250

PART 10　몰입

시간 : 사람들이 시간을 놓치는 이유는 뭘까요? … 257

몰입 : 새벽은 몰입이 잘 되는 시간이란다 … 263

경험 : 몰입은 능력이기도 하지만 습관이야 … 269

PART 11　희망

세태 : 요즘은 7포 세대까지 갔어요 … 275

꿈 : 빨리 취업해서 독립해야죠 … 277

실존 : 실존이 본질에 앞선다고요? … 280

갈등 : 세상이 공정하다고 생각하세요? … 283

집값 : 모두가 강남에 살아야 되는 것은 아니잖아? … 287

주식 : 가상화폐는 어떻게 생각하세요? … 290

절망 : 결혼은 엄두도 못 내죠 … 294

계획 : 저녁이 있는 삶을 살고 싶어요 … 299

희망 : 사자의 꿈을 꾸어라 … 304

맺음말 … 313

PART 1
관계

아 빠 의
말

산다는 것은 관계를 맺는 일이며,
삶의 희로애락은 대부분 관계에서 온다.
인간관계는 상대적이지만 본질적인 것은 나에게 있다.
문제를 만드는 것도, 해결하는 것도 나 자신이다.
관계는 말로 시작되고 말로 끝난다.
나의 한계는 내가 하는 말로 결정된다.
말을 잘 다루는 것이 관계의 비밀이며
나의 한계를 높이는 것이다.
환영받는 사람은 말을 잘하고 착한 사람이 아니라
잘 들어주고 공감을 잘하는 사람이다.

친구

오랜 친구가 좋은 친구일까?

아빠 오랜 친구가 좋은 친구라는 말을 어떻게 생각해?

아들 술은 오래될수록 좋은데 사람은 꼭 그런 건 아닌 것 같아요.

아빠 그렇지? 오래된 친구가 좋은 친구가 아니라 좋은 친구는 오래 간다. 30년 된 친구도 무덤덤한 친구가 있고, 어제 만난 사람도 30년 된 것 같은 사람이 있지. 한때 친하게 지내던 사람도 세월이 가면 나와 맞지 않는 친구가 있다.

아들 그런 친구는 어떻게 해야 되나요?

아빠 너와 안 맞으면 오래 가기 힘들 것이고, 맞으면 오래 가겠지. 옛날 친구니까 계속 만나야 한다는 생각에서 벗어날 필요가 있어. 마음이 가는 대로 하면 된다.

아들 친구를 가려서 사귀는 건 너무 이기적이지 않나요?

아빠 옷을 하나 살 때도 이것저것 입어보고 사는데 친구를 가려서 사귀는 것은 당연하지.

아들 지금까지 알던 것과 다르게 말씀하시니 혼란스러워요.

아빠 지금까지는 어떻게 알고 있었는데?

아들 친구끼리는 의리가 중요한 줄 알았어요.

아빠 나도 젊었을 때는 그렇게 생각했는데, 살아보니 그게 아니더구나.

아들 아빠는 외모는 유비 같은데 생각은 조조 같아요. 기분 나쁘게 듣지 마세요.

아빠 그 말을 들으니 기분이 좋다. 나는 유비를 별로 안 좋아해. 우유부단하고 정(情)만 있지 능력도 지략도 없어. 난세를 살아가려면 조조 같은 인간이 될 필요가 있어.

아들 지금이 난세는 아니잖아요.

아빠 현실은 항상 난세야. 지금이 난세가 아니면 태평성대냐?

아들 그건 아니지만… 지금 사귀는 친구 중에는 저와 안 맞는 사람은 아직 없어요.

아빠 지금은 없을지라도 나이가 들면 그런 고민을 할 때가 온다. 모든 것은 변해. 사랑도 변하고 우정도 변하지. 과거에는 나와 맞았을지라도 내가 변했든 상대가 변했든 서로 맞지 않으면 오래 가기 어려워. 마치 어렸을 때 맞던 옷이라도 몸이 커져서 맞지 않으면 버려야 하는 것과 같다.

아들 어떤 친구가 좋은 친구일까요?

아빠 친구이면서 스승 같은 사람이 좋은 친구다. 명나라의 사상가인 이탁오는 "친구가 될 수 없다면 진정한 스승이 아니고, 스승이 될 수 없다면 진정한 친구가 아니다" 라고 말했어.

아들 그런 사람이 잘 있겠어요?

아빠 네가 준비되면 나타나게 마련이다.

아들 아빠의 말씀을 듣고 보니 "자기보다 못한 사람과는 사귀지 말라"고 한 공자의 말이 이해가 되네요. 저는 처음에 공자같이 위대한 분이 왜 그런 말을 했을까 하고 의심을 했어요.

아빠 아무리 공자라도 이해가 되지 않는 부분은 의심하는 것이 좋아. 공자는 그만큼 친구의 중요성을 가르친 것이다. '마중지봉(麻中之蓬)'이란 말이 있다.

아들 무슨 뜻이에요?

아빠 곧게 자라는 삼밭에서는 구부구불하게 자라는 쑥도 곧게 자란다는 뜻이지. 선한 사람과 사귀면 선하게 되고 악한 사람을 만나면 악하게 되지. 저기 대숲에서 자라는 소나무를 봐라. 전부 키가 크고 곧게 자라지.

아들 그렇네요. 그렇긴 하지만 나보다 못한 친구를 좀 도와줄 수도 있잖아요.

아빠 도와줄 수는 있지만 너무 가까이 안 하는 것이 좋아. 나쁜 친구는 욕하면서 닮아가고, 좋은 친구는 배 아프면서 닮아가지. 나를 편하게 해주는 사람보다 물들고 싶은 사람이 좋은 친구다.

아들 자신과 가치관이 다르다고 멀리하면 다양한 생각을 할 수 없어요.

아빠 나는 가치관이 다른 사람을 멀리하라고 하지 않았다. 가치관이 천박한 사람을 멀리하라고 한 것이다. 오히려 나와 다

른 다양한 사람과의 만남이 필요해. 나와 비슷한 사람끼리
만 어울리면 나의 편향된 생각도 합리화되어 확증편향의 오
류에 빠질 수도 있어.

아들 　나보다 못한 친구를 멀리하는 것보다 '화이부동(和而不同)'
의 자세로 같이 가면 되지 않을까요?

아빠 　화이부동도 좋고 '불가근불가원(不可近不可遠)'도 좋지. 하
지만 그건 어쩔 수 없을 때 하는 거야. 부모, 자식은 선택할
수 없지만 친구는 가려서 사귀는 것이 좋다. 인간관계에서
가장 좋은 결정은 상대도 좋고 나도 좋은 것이지. 한 사람에
게는 좋지만 다른 사람에게는 좋지 않다면 그건 옳은 관계
가 될 수 없어.

아들 　아빠가 문자를 쓰시니까 저도 문자를 써볼게요.

아빠 　좋아. 네가 유치원에 다닐 때부터 문자를 잘 쓰더라. 그때
'정저지와(井底之蛙)'라는 말을 하는 것을 보고 깜짝 놀랐어.

아들 　제가 문자를 좀 썼지요. 노자의 '무용(無用)의 용(用)'이란 말
이 있잖아요. 쓸모없는 친구도 가끔 있어야 하지 않나요? 지
금은 쓸모가 없더라도 언제 어디에 쓰일지는 모르잖아요.

아빠 　네 말도 일리가 있다. 그런데 그 말은 노자가 한 말이 아니
고 장자가 한 말이다.

아들 　네? 아, 그런 디테일한 건 넘어가죠.

아빠 　네가 지금은 젊고 시간이 많기 때문에 그런 생각을 하지만
나이가 들면 생각이 달라질 거야. 친구도 자신과 격이 다르
면 자연히 멀어지게 된다. 나는 젊었을 때는 뷔페에 가면 이

것저것 가리지 않고 먹었지만 요즘은 내가 좋아하는 것 몇 가지만 먹는다.

아들 이것저것 다 따지고 사귀면 사귈 친구가 없는 거 아니에요?

아빠 친구는 많다고 좋은 게 아냐. 주식을 하면서 수십 종목 사서 부자가 된 사람을 보지 못했다. 부자는 핵심 종목 한두 종목을 장기보유해서 부자가 됐더라.

아들 분산투자 안 하고 몰빵해서 망한 사람도 많아요.

아빠 물론 종목을 잘 골라야지. 관포지교 같은 친구 한 명만 있어도 성공이야.

아들 아빠는 그런 친구가 있으세요?

아빠 그런 친구가 어디 있겠냐? 비슷한 친구는 있지.

아들 관중과 포숙 중에서 누가 더 좋은 친구일까요?

아빠 나는 포숙이다.

아들 왜요?

아빠 제나라의 위대한 제상이 된 관중도 대단한 사람이지만 그를 만든 사람은 포숙이야. 포숙이 환공에게 관중을 추천하면 자기 자리가 위태롭게 될 것을 알면서도 추천하였으니 그릇이 큰 사람이지. 전쟁터에 나간 관중이 세 번이나 도망을 갔을 때 사람들이 관중을 비겁하다고 욕했지만 포숙은 관중에게는 노모가 계시기 때문이라고 끝까지 믿어주었어. 이것이 내가 포숙을 더 위대하다고 생각하는 이유야.

아들 관중이 위대한 투수라면 포숙은 위대한 포수라고 보면 되겠네요.

아빠 딱 맞는 비유야. 중요한 것은 우리가 만나는 많은 사람들을 대하면서 스쳐 지나가야 하는 것과 잡아야 하는 것을 구분하는 거야. 관계도 결국 우리의 선택인데 인연이라는 이름으로 합리화하는 게 아닐까 하는 생각이 들 때가 많아.

아들 얼마 전에 휴대폰을 바꿨는데 유심칩에 에러가 나서 전화번호의 반이 넘게 날아갔어요. 제 인연의 반이 날아간 것 같아 너무 가슴이 아팠어요. 이런저런 방법을 사용하다가 결국 포기했죠. 그런데 더 가슴 아팠던 건 한 달 넘도록 모르는 번호로 온 전화가 없었다는 거예요.

아빠 너도 벌써 그런 것을 경험했구나.

충고
잘못을 충고해주는 친구가 좋은 친구인가요?

아들 저의 잘못을 충고해주는 친구가 좋은 친구인가요?

아빠 그건 좋은 친구가 아니다. 친구 사이에는 충고하면 안 돼.

아들 친한 친구가 잘못된 길로 들어섰다면요?

아빠 노자, 장자 그리고 비틀즈의 공통점이 뭔지 아니?

아들 잘 모르겠어요.

아빠 '그냥 두라'는 거야.

아들   아하! Let it be!

아빠   충고를 한 번은 할 수 있어도 두 번은 안 돼.

아들   아빠도 제가 담배 피우는 것 가지고 계속 뭐라 하셨잖아요.

아빠   친구와 자식은 다르지. 누가 봐도 나쁜 것을 나쁘다고 하는
데 이의를 달 사람이 없어. 하지만 친구는 달라. 친구가 가
는 길이 나쁜지 아닌지 어떻게 알아? 친구는 자신의 계획대
로 살고 있는지도 모르지.

아들   제 친구 중에 식사할 때 음식을 입에 넣은 채 이야기하는 친
구가 있어요. 그게 습관이 된 것 같아요. 이야기를 해줄까
말까 생각하다가 아직 하지 않았어요.

아빠   하지 않길 잘했다. 아무리 좋은 말이라도 충고는 일단 귀에
거슬리는 것은 사실이야. 그 말이 맞고 안 맞고가 문제가 아
니야. 자존심 때문이지. 이성은 감정을 이길 수 없다. 머리
로는 받아들일 수 있지만 가슴으로 받아들여지지 않는 것이
충고다. 만약 멀리하고 싶은 친구가 있다면 충고를 두 번만
하면 돼. 이 세상에서 가장 쉬운 게 충고하는 것이고, 가장
어려운 일이 친구의 충고를 받아들이는 것이다.

아들   아빠가 지금 제게 하고 계시는 이 말씀도 충고가 아닌가요?

아빠   뭐라고! 이건 충고가 아니라 가르침이다.

아들   뉘예 뉘예.

갈등

누구 편을 들어야 하죠?

아들 만약에 제가 결혼을 해서 고부 간의 갈등이 생긴다면 어떻게 해야 되나요?

아빠 상황에 따라 다르겠지만 대체로 아내 편을 드는 것이 좋아.

아들 그럼 엄마가 서운해하시지 않을까요?

아빠 네 엄마는 내가 위로해줄게.

아들 아빠는 그런 고민 없으셨어요?

아빠 지금까지는 별로 없었구나.

아들 운이 좋으신 거 아닌가요?

아빠 나도 그렇게 생각해. 만약 그런 일이 있었다면 나도 네 엄마 편을 들었을 것이다.

아들 어떤 기준이나 원칙 같은 게 있을까요?

아빠 더 소중하고 오래 같이 갈 사람의 손을 들어주는 것이 원칙이지. 그리고 자신이 선택한 것에 책임을 지는 게 중요해. 부모는 내가 선택한 게 아니지만 아내는 내가 선택한 사람이잖니. 그러니 네가 누군가의 손을 들어줘야 한다면 아내의 손을 들어주는 것이 낫다.

아들 군대에서 말년병장보다 맏고참이랑 잘 지내야 하는 거랑 같네요.

아빠   그렇지, 그렇지.

아들   그래도 제가 엄마하고 더 오래 살았고 엄마의 유전자를 타고났잖아요.

아빠   그건 사실이지만 앞으로 더 오래 같이 살 사람은 엄마가 아니라 네 아내라는 사실을 알아야 해. 만약 네가 엄마 편을 들지 않는다고 해서 가정이 깨지지는 않겠지만 아내의 편을 들지 않는다면 가정이 깨질 수도 있지. 중요한 것은 배우자를 선택할 때 그런 것까지 고려해야 한다는 거야.

아들   결혼할 때 생각해야 할 게 정말 많네요.

화술
꼭 말을 잘해야 하는 걸까요?

아들   인간관계에서 가장 중요한 게 뭘까요?

아빠   관계에서 무엇보다 중요한 것은 바로 '말'이야.

      인간관계는 말에서 시작해서 말로 끝난다.

아들   사람들은 말 많은 사람을 싫어하잖아요?

아빠   대체로 그렇지. 그런 사람들의 말은 쓸 말이 별로 없으니까.

아들   어떻게 하면 말을 잘할 수 있을까요?

아빠   말을 잘한다는 건 여러 가지 유형이 있어. 아나운서처럼 말을 잘하는 사람도 있고, 말은 좀 어눌해도 자신의 생각을 잘 전달하는 사람이 있지. 너는 어떤 유형의 사람이 되고 싶니?

아들 저는 전자에요. 예전엔 후자였는데 사회생활을 조금 하다 보니 전자 쪽으로 생각이 바뀌더라고요. 만날 수 있는 시간이 짧고 휘발적인 요즘엔 아나운서처럼 청산유수로 말하는 것이 더 호감도 생성에 도움이 되더라고요. 그 안에 있는 메시지가 무엇이든 말이에요.

아빠 그런 건 개인의 취향에 따라 다르긴 하지만 요즘 세대들은 사람을 볼 때도 속보다는 겉에 더 비중을 두는 것 같아. 하지만 아빠는 아나운서처럼 말을 하는 것을 좋아하지 않아. 사람들은 상대가 자신보다 우월한 것을 좋아하지 않거든. 일상에서 아나운서처럼 말할 필요도 없고 그렇게 말할 수 있는 사람도 거의 없어.

아들 그런데 말을 잘하는 비결이 뭐예요? 저도 말 좀 잘하고 싶어요.

아빠 말을 잘 하려면 먼저 자신의 생각이 잘 정리가 되어 있어야 돼. 말은 자연스럽게 하는 게 좋아. 억지로 꾸미거나 잘하려고 하다 보면 오히려 어색해져.

말을 잘 하는 것보다 더 중요한 것은 잘 듣는 거야. 상대가 말을 할 수 있도록 해주는 게 필요하지. 상대는 말 잘하는 사람보다 자신의 말을 잘 들어주는 사람을 더 좋아해.

아들 상대가 말을 하도록 하려면 어떻게 해야 하나요?

아빠 질문을 해야 해. 내가 말을 하는 것도 중요하지만 다른 사람

들이 좋아하는 화제나 자랑으로 생각하는 것을 묻는 것이 필요해. 누구나 상대의 말을 듣기보다 자신이 말하는 것을 더 좋아하기 때문이지.

예전에 친구와 30분 동안 통화를 한 적이 있었는데 나는 가끔 질문하고 듣기만 했어. 나중에 친구가 좋은 말 잘 들었다고 하더라.

아들 아빠가 주로 들었다면서요.

아빠 말은 많이 하는 게 중요한 것도, 잘하는 것도 아니야. 내가 하고 싶은 말보다 상대가 듣고 싶은 말을 하는 것이 중요하지.

아들 그게 칭찬이죠?

아빠 칭찬은 그 중의 일부야. 관계를 잘하는 사람이 되려면 칭찬은 상대가 기대하는 것보다 더 많이, 비난은 상대가 감당할 수 있는 것보다 적게, 말은 내가 하고 싶은 것보다 더 적게, 듣는 것은 나의 비밀을 듣는 것처럼 하면 누구나 사랑받는다.

아들 그런 것 다 지키다 한마디도 못하겠어요.

아빠 쉬운 건 아니지만 몸에 배면 자연스럽게 행동으로 나와.

아들 몸에 밸 때까지 어떻게 하면 돼요?

아빠 일단 비난은 아무리 잘해도 부작용이 있으니까 무조건 하지 마라. 상대의 외모나 소유물보다 행동을 칭찬하는 것이 효과적이야. 말이 긴 것은 자신을 과대평가하거나 상대를 과소평가하는 데서 와.

아들 어려운 건 없는데, 실천이 잘 안 돼요.

아빠 한꺼번에 다 할 수는 없어. 하나씩 하다 보면 자연스럽게 될 거야.

아들 말도 하다 보면 제 흥에 취해 길어지는 것을 느껴요.

아빠 길다 짧다의 기준은 없어. 10분도 지루할 수가 있고 1시간
도 짧을 수가 있어.

아들 그럴 때는 어떻게 해요?

아빠 상대의 얼굴을 보면 지루한지 재미있는지 알 수 있지. 우리
는 이야기할 때 상대의 얼굴을 보는 것 같지만 실제는 보고
싶은 것만 봐. 운전을 할 때 신호등을 봐야 하듯이 말을 할
때는 상대의 표정을 봐야 해.

아들 그럼 전화할 때는 어떡하나요?

아빠 목소리에 표정이 있어. 잘 들으면 돼.

아들 말 잘하는 사람은 말을 쉽게 하는 건가요, 아니면 어렵게 하
는 건가요?

아빠 어렵게 말하는 사람보다는 쉽게 말하는 사람이 환영받지만
그때그때 다르다. 고수는 어려운 내용을 쉽게 말하는 사람
이고, 중간은 쉬운 내용을 쉽게 말하는 사람과 어려운 내용
을 어렵게 말하는 사람이다.

아들 그럼 하수는 뭐예요?

아빠 하수는 쉬운 내용을 어렵게 말하는 사람이다.

아들 하수 중의 하수는 어렵게 말하면서 길게 말하는 사람이겠네
요.

아빠 그렇지. 그런 사람은 최악이야.

언어
언어의 수준이 그 사람의 수준이란다

아빠 비트겐슈타인이라는 철학자가 "내 언어의 한계는 내 세계의 한계를 의미한다" 라는 유명한 말을 남겼는데 정말 공감이 가는 말이다.

아들 정말 명언이네요. 느낌이 확 오네요. 어느 나라 사람이에요?

아빠 오스트리아 사람이야. 이 사람이 머리는 천잰데 성격이 괴팍해서 적이 많았던 모양이야. 그래서 그가 철학교수로 임명되지 못할 뻔했어. 그런데 그를 지지하던 사람이 "비트겐슈타인을 철학교수로 임명하지 않는 것은 아인슈타인을 물리학 교수로 임명하지 않는 것과 같다"는 유명한 말을 했어.

아들 그 말이 결정적이었군요.

아빠 비트겐슈타인도 대단하지만 말 한마디로 상황을 완전히 바꾼 그 사람의 수준이 대단하다고 봐야지. 그 사람이 사용하는 언어의 수준이 그 사람의 수준이라고 보면 틀림없어.

아들 어려운 용어를 많이 쓴다고 해서 수준이 높은 건 아니잖아요. 그럼 중고차 허위매물 딜러가 제일 수준이 높겠어요.

아빠 물론 그렇지. 말을 어렵게 한다고 해서 유식하다거나 쉽게 한다고 해서 단순한 건 아니지. 오히려 반대인 경우도 많아. 그렇지만 언어는 그 사람의 내면의 울림이기 때문에 그 사람이 하는 말에는 내면이 다 드러나지.

아들 그러니까 나의 수준을 높이려면 내가 사용하는 언어의 수준을 높이면 되겠네요.

아빠 그렇지. 나의 언어능력을 높인다는 것은 나의 삶의 수준을 높이는 거야. 그리고 단순한 문장만 쓰는 사람은 복잡한 문장을 쓰는 사람보다 치매에 걸릴 확률도 높다는구나.

아들 언어의 수준을 높이려면 책을 많이 읽으면 되나요?

아빠 물론이지. 책은 기본이고 마음의 밭을 아름답게 가꾸어야 돼. 그게 사색이지.

진실

못생긴 걸 못생겼다고 말해도 돼요?

아빠 진실만을 말하는 것이 옳은 것일까?

아들 아니요.

아빠 그럼 거짓을 말하는 것이 옳은 것일까?

아들 그건 더욱 아니죠.

아빠 그럼 어떤 것이 옳은 것일까?

아들 진실에 바탕을 두되 때로는 필요한 거짓말을 할 줄 아는 사람이 좋은 사람이죠.

아빠 옳은 얘기만 하는 사람은 지루해.

아들 저도 그래요. 그런 사람은 솔직히 피하고 싶어져요. 사람한 테서 환영받는 사람은 어떤 사람이에요?

아빠 그건 말에 깊이가 있으면서 유머러스한 사람이지.

아들 산 좋고 물 좋은 그런 사람이 잘 있을까요?

아빠 공부가 된 사람은 있지만 유머까지 겸비한 사람은 잘 없지. 유머는 타고난 끼가 좀 있어야 해.

아들 유머감각은 운동신경 같은 것이지요.

아빠 그렇지. 언어순발력이 있어야 되고 순간포착력도 필요해. 친구 애인이 못생긴 사람이라면 친구에게 어떤 말을 해주는 게 좋을까?

아들 외모 이야기는 하지 않는 것이 좋겠죠. 웃음이 예쁘다든가, 상냥하다든가, 목소리가 좋다든가 그 사람의 가장 좋은 점 을 칭찬하겠죠.

아빠 이제 더 이상 해줄 말이 없다.

아들 그건 수말이 죽었을 때 암말이 하는 말이에요.

아빠 하하하. 아재 개그지만 좋았어.

아들 부부 사이에도 비밀이 있나요?

아빠 당연하지. 부부이기 때문에 비밀이 있을 수가 있지.

아들 저는 엄마와 아빠는 비밀이 없는 줄 알았어요.

아빠 비밀이 있는 게 나쁜 것도 아니고, 비밀이 없는 게 좋은 것도 아니다. 비밀이 두 사람 사이를 가로막는 장애물이 아니라 두 사람을 지켜주는 보루가 될 수 있어.

아들 제가 진지하게 말하는데 상대가 잘 듣지 않을 때는 어떻게 해야 할까요?

아빠 그렇다고 화를 낼 필요는 없어. 내가 들려주고 싶은 말이라도 상대가 듣지 않을 수도 있지. 공자도 상대의 안색을 살피지 않고 혼자 떠드는 것을 경계했어. 그때는 내가 더 이상 말하지 않아야 할 때라고 생각하면 돼.

아들 그럼 상대가 제게 당연히 해야 할 말을 하지 않을 때는요?

아빠 너도 그런 고민을 하고 있구나. 인간관계에서 상식은 있어도 당연한 것은 없어. 그건 상대가 네가 생각하는 것만큼 네 문제에 관심이 없거나 아니면 자신에게 더 큰 문제가 있거나 둘 중 하나야. 만약 좋은 일에 축하나 칭찬이 없는 것은 대개 질투심 때문이야.

아들 친구 사인데 질투가 나더라도 그러면 안 된다고 생각해요.

아빠 내가 듣고 싶은 말을 상대가 하지 않을 수도 있어. 그게 사람 마음이야. 친구니까 질투가 나는 거지 친구가 아니면 질투가 날 이유가 없지. 질투는 감정의 영역인데 이성은 감정을 이길 수 없어. 이성과 감정 사이에 인격이라는 것이 있는데 그만한 인격을 갖추려면 수양이 필요해.

아들 이제 사람의 마음이 좀 이해가 됩니다.

소통

통화는 오래 하는데 재미가 없어요

아빠 같은 말이라도 따분하게 하는 사람이 있고 재미있게 하는
사람이 있어.

아들 아빠의 비유는 촌철살인이에요. 가끔 아재 개그를 해서 썰
렁하게 만들긴 하지만….

아빠 썰렁하게 만드는 것도 나의 계획이야. 자신의 나이를 말할
때 '계란 한 판 반'이라고 말한 사람이 있었어. 다른 사람은
기억나지 않지만 그 사람을 지금도 기억하고 있다.

아들 계란 한 판이 몇 갠데요?

아빠 10개짜리도 있지만 큰 건 30개야. 그러니까 자신의 나이가
마흔다섯이라는 것을 둘러서 말한 것이지.

아들 아재들이 몇 호선 몇 번 출구라고 얘기하는 것과 같네요.

아빠 그렇지. 아빠는 6호선 2번 출구야.

아들 저는 3호선 1번 출구로 갑니다.

아빠 요즘은 자신이 가진 것, 소비하는 것이 '나'로 정의되는 세상
이지만 그것은 그 사람의 겉모습일 뿐 내면의 모습은 그 사
람이 사용하는 언어에 있어. 아빠가 맞선을 보았을 때의 이
야긴데….

아들 엄마 이야기 아니죠?

아빠   당근이지.

아들   그럴 줄 알았어요. 아빠는 맞선을 몇 번 봤어요?

아빠   다섯 번밖에 안 돼. 엄마는 열 배는 될 걸.

아들   그래서요?

아빠   헤어질 때 그녀에게 전화번호를 물었다.

아들   그랬더니요?

아빠   그녀는 "기억할 수 있겠어요?" 라고 하더구나. 그 말 한마디
에 그녀의 마음이 다 들어 있었던 거야.

아들   그녀의 마음을 어떻게 아세요?

아빠   그 말은 전화번호를 기억했다가 나중에 전화를 해달라는 말
이지. 그게 그녀의 마음이야.

아들   그래서 다음에 전화했어요? 잘 됐어요?

아빠   전화는 했지만 잘 안 됐어. 잘 됐으면 네가 지금 여기에 있
겠냐?

아들   그렇네요. 왜 헤어지게 되었어요?

아빠   그 후 이야기는 하지 않겠다. 연애란 혼자 하는 것이 아니어
서 내 뜻대로 되는 것이 아니고 결혼이란 인연이 있어야 되
는 것이더라.

아들   아빠에게도 사연이 있었군요.

아빠   사연 없는 사람은 없다. 살아가는 것이 사건과 사연의 연속
이야.

아들   엄마도 그건 걸 알고 있어요?

아빠   엄마도 어렴풋이 알고 있다. 자세히 알 필요도 없고 알아서

좋을 것도 없다.

아들 아빠도 숨기는 게 있는 것 같아요.

아빠 엄마가 그렇게 막힌 사람이 아니야. 어떤 것에 대해 한마디로 정의하는 것이 쉬울까 어려울까?

아들 어렵죠.

아빠 학창 시절에 표어 짓기를 잘했어. 회사 다닐 때는 표어 경시대회에 나가서 최우수상을 받았지. 상금으로 팀 회식까지 했어. 표어가 한마디로 말하는 거잖아.

아들 아빠는 삼행시나 건배사같이 짧은 것을 잘하세요. 제가 운을 띄울게요. 한번 해보세요.

아빠 좋지.

아들 '인생'을 한마디로 해보세요.

아빠 인생은 나그네 길.

아들 사랑은?

아빠 사랑은 눈물의 씨앗.

아들 아빠, 그건 노래 가사잖아요. 진짜로 해요.

아빠 노래 가사를 우습게 보지 마라. 노랫말 하나하나에 삶이 들어 있어.

아들 우습게 보는 건 아니지만 아빠의 생각이 궁금해요.

아빠 오케이! 이제 제대로 해보자.

아들 그럼 갑~시다. 삶은?

아빠 계란이 아니라 지금 여기에 존재하는 것.

아들 사랑은?

아빠 지금 그대로를 받아들이는 것.

아들 인생은?

아빠 소풍처럼 왔다가 가는 것.

아들 죽음은?

아빠 고향으로 돌아가는 것.

아들 부부는?

아빠 젓가락.

아들 왜요?

아빠 젓가락은 항상 두 개가 있어야 해. 어느 것 하나가 길거나 짧아서는 안 돼.

아들 아빠의 말은 짧지만 울림이 있어요. 말이 약이 될 수도 있고, 독이 될 수도 있죠?

아빠 말 한마디로 죽어가는 사람을 살릴 수도 있고, 멀쩡하던 사람을 죽게 할 수도 있어. 말을 할 때는 군인이 무기를 다루듯이 해야 돼. 특히 다른 사람에 대한 말은 조심해야 돼. 가능하면 좋게 말해야 돼. 나쁜 말은 돌고 돌아 본인의 귀에 들어오기 쉬워.

아들 저도 영업을 해서 그 점에 대해는 잘 알고 있습니다.

아빠 꽃이 나비를 부르려면 향기가 있어야 되겠지? 그럼 사람의 향기는 뭘까?

아들 인품이죠.

아빠 그 사람이 쓰는 언어가 그 사람의 인품이지. 꽃향기가 벌과 나비를 부른다면 사람의 향기는 말(言)이야. 말은 향기가 될 수도, 가시가 될 수도 있어. 가시덤불이 되건 장미원이 되건 그가 말을 어떻게 다루는가에 달려있어.

아들 그런 것을 알고 나니 말하는 것이 조심스러워요.

아빠 자연스럽게 하면 돼. 관계는 소통이야. 만나서 날씨 이야기, 정치 이야기만 하는 사이는 의미 없는 관계라고 볼 수 있다. 관계의 확장을 위해서는 대화의 범위를 넓히고 깊게 해야 돼. 연애도 마찬가지야.

아들 두 사람의 대화가 시들해지면 관계도 시들었다고 봐야 되죠?

아빠 그렇지. 왜 요즘 연애가 잘 안 되나?

아들 통화는 오래 하는데 재미가 없어요.

아빠 서로에게 맞는 공통소재를 찾아봐. 재미는 만드는 것이지 누가 주는 것이 아니야.

공감
저는 상대방이 솔루션을 원하는 줄 알았어요

아들 아빠! 오늘 저녁 엄마가 흥분하면서 동료를 비난할 때 아빠는 엄마 편을 안 들고 '인간관계는 상대적'이라고 하면서 엄마에게도 책임의 반은 있다고 하셨잖아요.

아빠 그게 사실은 맞는 말인데, 엄마한테는 좋게 들리지 않았겠지.

아들 그때 저는 엄마 편을 들었잖아요. 그러니까 엄마가 되게 좋아하시던데요.

아빠 그건 네가 잘한 것이다.

아들 아빠는 왜 엄마 편을 들지 않았어요?

아빠 나도 다른 건 잘하는 것 같은데 공감능력이 좀 부족해. 감성보다 이성이 너무 앞서는 것 같아. 그런 것은 관계나 소통에서 고쳐야 할 부분이야.

아들 저도 여친과의 갈등 중 가장 많았던 부분이 공감이었어요. 제가 솔루션을 제시하려 하면, 항상 싸움이 나게 되더라고요.

아빠 상대가 원하는 건 공감이지 솔루션이 아니야. 이건 소통의 기본이지.

아들 제가 그때 그걸 몰랐어요. 진작 알았어야 했는데.

아빠 그건 너뿐만 아니라 대부분의 남자들이 잘 안 되는 거야. 마크 트웨인, 알지?

아들 네, 알아요. 미국의 유명한 작가.

아빠 그에 관한 재미있는 이야기가 있어. 그가 어렸을 때 샌디라는 흑인소년이 있었어. 그런데 이 아이가 큰 소리로 노래하고 소릴 지르고 휘파람을 불어 트웨인이 견딜 수가 없었어. 그래서 엄마에게 "쟤는 너무 시끄러워요" 하고 말했지.

아들 엄마가 뭐라고 했어요?

아빠   엄마는 눈물을 글썽이며 "샌디는 엄마랑 헤어지고 친구들과 떨어져 이리로 팔려온 아이다. 저렇게라도 노래하지 않으면 엄마 생각, 동무 생각을 어떻게 이겨낼 수 있겠니? 나는 샌디가 노래할 땐 오히려 안심이 된다. 걔가 시무룩해하면 나는 그때가 더 걱정이다." 라고 말했어.

아들   트웨인은 뭐라고 했어요?

아빠   엄마에게 무슨 말을 했는지는 전해지지 않지만 먼 훗날 그는 "그날 이후 샌디의 노랫소리가 전혀 시끄럽지 않았다. 그리고 어머니의 그 몇 마디 말씀은 내 가슴에 깊이 박혀 평생 떠나질 않았다."고 회고했어.

아들   가슴이 찡하네요. 그렇다면 공감을 어떻게 잘할 수 있나요?

아빠   소통에도 법칙이 있어. 사람들은 진실을 듣기보다 자신이 듣고 싶어 하는 것을 원해. 나도 그런 것을 알면서도 막상 하려고 하면 힘들어. 그렇다고 무조건 공감하라는 건 아니야. 아닌 것은 아니라고 말하되 부드럽게 표현하면 돼. 말을 할 때 내용도 중요하지만 어떻게 말하는가가 더 중요해.

아들   전에 말씀하신 메라비언의 법칙, 다시 한 번 설명해주세요.

아빠   이젠 소통에서 고전이 된 건데, 상대방에 대한 호감을 결정짓는 요소에서 말의 내용이 차지하는 비중은 7퍼센트에 불과하고, 목소리나 말투가 38퍼센트, 표정이나 자세와 같은 태도가 55퍼센트를 차지한다는 것이지. 다시 말하면 대화에는 전달하고자 하는 내용보다 청각이나 시각적 요소가 훨씬 더 중요하다는 거야.

아들 말의 내용이 정말 그 정도밖에 안 되나요?

아빠 생각보다 적지? 그러니까 어떤 말을 하느냐도 중요하지만 같은 말이라도 어떻게 하느냐가 더 중요해.

아들 요즘 젊은 사람들이 전화보다 카톡을 많이 하는 이유를 알겠어요. 그게 자신을 덜 노출시키기 때문이겠죠.

아빠 요즘은 관계가 과거에 비해 깊지 못해. 그러니 자신을 많이 드러내고 싶지 않겠지. 하지만 상황에 따라서 내키지 않더라도 문자나 카톡 보다는 전화로, 전화보다는 직접 만나서 얘기를 해야 될 때가 있어.

아들 어떤 경우요?

아빠 축하나 사과 그리고 위로를 해야 할 경우 문자나 카톡으로 하면 진심의 7퍼센트만 전달되기 때문에 진심이 잘 전해지지 않아. 그런 경우는 가능하면 전화로, 전화보다는 만나서 하는 것이 좋아. 특히 카톡으로 사과할 경우는 진정성이 없어 보이고 자칫 잘못하면 오해를 살 수도 있어.

아들 7, 38, 55, 이 숫자를 외워둬야겠네요.

아들의
생각

메신저 친구목록의 수가 내 인맥관리의 결과물이라고 생각했던 시절이 있었다. 한 명 두 명 저장되는 번호가 늘면 곳간에 곡식을 쌓아가는 것처럼 뿌듯했다.

영화 〈범죄와의 전쟁〉의 최익현처럼 '인맥이 곧 재산'이라는 생각으로, 주말이면 쭉 전화도 돌리고 생일이면 축하 메시지도 꼬박꼬박 넣었다. 그와 반대로 가족과 정말 소중한 인연들에게는 항상 '연락 좀 해라'라는 핀잔을 들었다.

친구목록에 가물가물한 이름들이 늘어가던 무렵, 휴대폰 리셋으로 그렇게 소중히 다루던 전화번호의 절반이 날아갔다. 모르는 번호로 전화가 오지 않았다. 그제야 나는 잡아야 할 것을 스쳐 보내고, 스쳐 보내야 할 것을 미련하게 잡고 있었다는 것을 알았다. 인간관계는 여전히 어렵고 열심히 한다고 잘 되지도 않는다.

나이가 들수록 인간관계는 배워야 할 기술이며, 이분법적인 사고에서 벗어나 유연한 자세를 가져야 한다는 것을 알게 되었다. 이전에는 내 맘대로 되지 않는 인간관계에 애를 태우고 속상했다면, 지금은 노자, 장자, 그리고 비틀즈의 말을 기억한다.

"Let it be!"

PART 2
자아

나는 누구인가,
무엇을 원하는가,
나만의 이야기는 무엇인가,
나는 무엇을 하고 살 것인가,
어떻게 더 나은 나를 만들 것인가?
자신의 삶을 살아야 행복하다.
자신의 삶을 살지 못하는 이유는
자신이 누구인지 모르기 때문이다.
나 자신을 아는 것은 어렵다.
자신으로 살지 못하면 다른 사람이 만든 대로 살아가게 된다.

욕구

욕구의 완전한 충족이란 게 있을까요?

아빠 성인(聖人)과 철학자들이 공통적으로 하는 말이 있어.

아들 행복에 대한 거 아니에요? 행복은 소유가 아니라 현재 가진 것에 만족하는 것이다, 뭐 이런 거 아닌가요?

아빠 물론 행복에 관한 것이 많아. 그다음에 자주 나오는 말들이 있어. "지금, 여기를 살라", "자신으로 살라" 이런 말이 많이 나오지. 오늘은 자신으로 사는 것에 대해 한번 얘기해보자.

아들 나 자신으로 사는 것도 소크라테스가 한 "너 자신을 알라"와 같이 어려운 거예요. 나를 알아야 나로 살 수 있겠죠.

아빠 그렇지. 나를 아는 것 중에서 내가 무엇을 원하고 소중하게 생각하는가를 아는 것이 중요해.

아들 아빠는 원하는 것을 아세요?

아빠 지금은 알아.

아들 그럼 전에는 몰랐다는 거예요?

아빠 전에는 바람직한 것과 내가 바라는 것을 구분할 줄 몰랐어. 이제는 알아. 전에는 나의 욕구를 억눌러야 좋은 것인 줄 알았지. 동양고전을 잘못 받아들였나 봐. 하고 싶은 것도 억지로 참았고, 거절할 줄 몰랐다.

아들 살다 보면 하고 싶은 일만 하고 하기 싫은 일을 하지 않을 수는 없잖아요?

아빠 어쩔 수 없는 경우가 있긴 하지만 자신의 욕구를 잘 보살펴야 돼. 그렇다고 욕구를 자제하지 않아도 된다는 말은 아니야. 욕구는 불과 같아 잘 다루면 행복과 성장을 가져다주지만 잘못 다루면 불행과 파멸을 가져온다.

아들 욕구를 충족시키면 행복해지나요?

아빠 그 순간은 행복해지지만 금방 시들해져. 설탕물에 만족하던 사람이 나중에 꿀맛을 알게 되면 더 이상 설탕에 만족할 수 없는 것과 같아. 너도 어렸을 때 장난감을 사주면 며칠은 잘 가지고 놀다가 금방 싫증을 냈지. 그러고는 또 다른 것을 사달라고 했어. 그렇게 산 장난감이 네 방의 반을 채울 정도였어. 하지만 크면서 다 버렸잖아. 어쩌면 우리가 가진 욕구도 다 그렇게 부질없는 것은 아닐까 생각해.

아들 욕구의 완전한 충족이란 것이 있을까요?

아빠 충족되는 순간 또 다른 욕구가 생기지.
인간의 욕구 중 가장 큰 것이 뭘까?

아들 식욕과 성욕이 아닐까요?

아빠 물론 그건 인간의 기본적인 욕구지.

아들 그럼 가장 높은 단계의 욕구는 뭐예요?

아빠 자아실현의 욕구지. 자아가 실현된 사람에게는 하위의 욕구가 중요하지 않다. 그런 사람에게는 먹는 것이나 명품백이나 고급차가 중요하지 않아. 심지어 명예나 존경도 크게 중요하지 않아.

아들 자아실현이 된 사람은 더 이상의 욕구가 생기지 않나요?

아빠 시간이 지나면서 자신이 실현할 또 다른 자아가 생기겠지. 엄홍길이 에베레스트의 8천 미터가 넘는 산을 하나 오르고 나서 자신의 자아가 다 실현된 것은 아니야. 처음에는 하나가 목표였겠지만 하나를 오르고 나니 또 하나를 넘고 싶은 욕구가 생겼겠지. 그러다 보니 10개 이상을 올랐어.

아들 나중에 오를 산이 없으면 어떡해요?

아빠 실제 그는 더 이상 오를 산이 없었어. 그래서 북극점도 오르고 남극점에도 갔어.

아들 행복 공식이 욕구 분의 소유 (행복=소유/욕구) 잖아요.

아빠 그렇지.

아들 소유를 늘리는 것과 욕구를 낮추는 것 중 뭐가 더 어려워요?

아빠 둘 다 어렵다. 들숨과 날숨이 합하여 한 호흡이 되는 것처럼 둘 다 중요해. 비우려는 사람은 더 비우지 못해 괴로워하고 채우려는 사람은 더 못 채워 괴로워하지.

아들 어떤 욕구를 키워야 하고, 어떤 욕구를 죽여야 할까요?

아빠 욕구에는 좋은 것, 나쁜 것이 없어. 자신의 욕구는 다 중요해. 그러나 지나치면 불행해져.

아들 　욕구가 더 이상 생기지 않도록 하는 방법은 없나요?

아빠 　살아있는 모든 존재는 욕구가 있어. 자신의 욕구를 다 충족시키려고 하니 문제가 생기는 것이지.

아들 　욕구가 생기는 것을 보고 가만히 있으면 그것이 고통이고 불행이에요.

아빠 　그래서 매슬로는 말년에 이르러 자신의 이론을 수정했어.

아들 　어떻게요?

아빠 　그는 최고의 단계는 자아실현이 아니라 자아초월이라고 했어. 욕구가 생기더라도 그것을 초월하는 것인데, 이건 경지에 가야 가능해.

아들 　그 단계가 되면 신선의 경지인가요?

아빠 　전에 한 번 말한 적이 있는데, 십우도 이야기 기억하지?

아들 　네.

아빠 　거기에 나오는 소(牛)가 우리의 욕구라고 할 수 있어. 맨 처음에 소를 찾아 나서고, 두 번째 소의 발자국을 보고, 세 번째 소를 보는 그림이지. 네 번째가 소를 얻고, 다섯 번째 소를 길들이고, 여섯 번째 소를 찾아 나서지.

아들 　네, 거기까지 기억나요.

아빠 　일곱 번째가 뭔지 기억나니?

아들 　잘 모르겠어요.

아빠 　소를 잊고 사람만 남고, 그 다음에는 사람도 소도 다 잊어. 이것이 바로 자아초월의 단계야. 처음에는 소를 찾으려는 마음, 잡으려는 욕심, 그다음에 소를 길들여 집으로 돌아오

려는 마음이 있었으나 막상 돌아와서는 소도 사람도 잊듯이
자아실현이라는 것에 대해서 생각하지 않을 뿐만 아니라,
자아를 실현하지 않아도 되는 단계에 진입하지. 이런 경지
에 도달하면 소나 자아실현은 중요하지 않아. 마치 구름 위
에 있으면 비가 오는 것을 생각하지 않아도 되는 것과 같지.

아들 십우도와 비교해서 설명하니 이해가 잘 돼요.
아빠는 욕구와 욕망의 차이가 뭐라고 생각하세요?

아빠 사람들은 이 둘을 구분 없이 쓰기도 하지만 엄밀하게 말하면 좀 달라.

아들 어떻게요?

아빠 욕구가 1차적이면서 생리적이라면, 욕망은 2차적이면서 정신적이지. 예를 들면 배가 고파서 음식을 먹는 게 욕구라면, 미식가처럼 입을 즐겁게 하기 위해 음식을 찾는 것은 욕망이다. 영어로 하면 이해가 빠를 거야. 욕구는 needs, 욕망은 desire, 경계가 애매한 것도 있어.

아들 영어로 하니 이해가 쉽네요.

욕망
네 것이 아니면 행복하지 않아

아들 욕망이 제 것인지, 제 것으로 착각하는 건지 모르겠어요.

아빠 '모방욕망'이라는 것이 있어. 다른 사람의 욕망이나 사회적인 욕망을 자신의 욕망으로 착각하는 사람들이 많다. 좋은 이야기, 재미있는 이야기가 중요한 게 아니라 내 이야기가 중요하듯이 크든 작든 나의 욕망이 중요해.

아들 SNS에 떠도는 온갖 좋은 글들이 와 닿지 않는 것도 내 이야기가 아니어서 그런 것 같아요. 내 욕망과 다른 것, 그걸 구분하는 방법은 없나요?

아빠 간절함으로 구분하는 게 가장 좋겠지. 많은 사람들이 좋아한다는 이유로 막연히 하고 싶은 거라면 모방욕망이라 보면 돼. 만약 3개월 시한부 판정을 받았다면 제일 먼저 하고 싶은 것이 무얼까 생각해봐. 그때 하고 싶은 게 자신의 욕망이야. 거기에는 좋은 집, 좋은 차, 세계여행 같은 건 없겠지?

아들 너무 극단적인 상황을 가지고 일반적으로 말씀하시는 것 같아요.

아빠 예를 들다 보니 그렇게 보일 수도 있겠구나. 중요한 건 사람들이 욕망하는 것을 찾지 말고 네가 욕망하는 것을 찾아야 한다는 거야. 그것이 자신으로 사는 길이지.

아들 내 것이 아닌 것은 오래 가지 못하겠죠.

아빠 오래 가지도 못하겠지만 가더라도 행복하지 않겠지.

아들 내 것인지 아닌지 해보기 전에 아는 방법이 있나요?

아빠 그 둘을 구분하는 건 어려워. 많은 철학자와 종교인들이 이 문제를 풀려고 했지만 지금까지 시원하게 풀어준 사람은 없었다. 소크라테스도 "너 자신을 알라"면서 자신이 어떤 사람인지에 대해서 '자신이 아는 것이 없다'는 사실 밖에 없었어.

아들 그런데 어떻게 소크라테스가 위대한 철학자가 되었어요?

아빠 그는 평생 우리 안에 잠자고 있는 무지를 일깨우는 일로 일관한 철학자야. 그는 질문을 통해 자기가 아는 것이 너무 없다는 점을 알았어.

아들 아빠도 자신을 알기 위해 질문을 하나요?

아빠 물론이다. 나는 매일 나 자신에게 묻는다.

아들 그래서 어떤 답을 얻었나요?

아빠 명확한 답은 얻지 못했지만 그런 질문을 할 때마다 좀 더 나의 본질에 가까이 다가가는 것을 느꼈다. 그런 질문을 하지 않았다면 지금보다 더 못한 존재가 되었을지도 모르지. 이제 나를 조금 알 것 같다. 내가 어떤 사람인지, 어떤 것을 잘할 수 있고, 어떤 것을 싫어하는지.

아들 60이 넘어서 겨우 조금 알 정도면, 저는 질문하지 않을래요.

아빠 쉽지는 않더라도 자신을 알아가는 것을 포기해서는 안 돼. 요즘은 스토리텔링 시대야. 자신만의 이야기가 있어야 돼. 인간은 단순히 말하는 동물이 아니라 자신의 이야기를 하는 동물이거든.

아들 맞아요. 구직할 때 자소서에도 나만의 스토리가 있어야 돼요.

아빠 삶은 이야기의 연속이다. 누구에게나 소설 몇 권정도 쓸 이야기가 있다. 인생이 긴 이야기다.

아들 외할머니도 "내가 살아온 이야기를 책으로 쓰면 몇 권은 된다"고 하셨어요.

아빠 네 책상 앞에 붙어 있는 '너만의 역사를 써라'를 항상 기억해. 역사를 쓰든 이야기를 쓰든 하루를 그런 마음으로 살아가면 좋을 거야.

아들 그런 걸 책상 앞에 붙여놓아도 오늘이 어제 같고, 내일이 특별히 다를 것 같지도 않아요.

아빠 당장은 바뀌는 것이 없는 것 같아도 너도 모르게 조금씩 바꿜 것이다. 자신의 삶을 이야기 쓰듯 살아가는 사람은 하루 하루를 의미 없이 살아가지 않을 거야. 자신의 이야기가 재미없게 전개되는 것을 원치 않기 때문이지. 자신의 욕망은 좀 더 구체적이어야 하고 간절함이 있어야 돼.

아들   아빠의 욕망은 뭐예요?

아빠   나를 알고 어제보다 더 아름다운 삶을 사는 것이지.

아들   아빠는 어떤 사람인 것 같아요?

아빠   나는 부족함을 알고 배우고 익히는 것을 좋아해.

아들   전생에 공자가 아니었나요?

아빠   그럴지도 모르지. 어쩐지 논어를 보면 내가 자주 하던 말이 나오더라니. 하하.

아들   전생에 공자 아니면 소크라테스 같아요.

아빠   소크라테스라면 악처와 산다는 뜻?

아들   알아서 해석하세요.

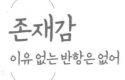

존재감
이유 없는 반항은 없어

아들   이유 없는 반항을 한 적이 있어요?

아빠   물론 있었지. 그런데 이유 없는 반항은 없어. 다 이유가 있는데 그것을 모를 뿐이지.

아들 최초의 반항은 언제였어요?

아빠 기억나는 것은 초등학교 6학년 때 선생님이 가까운 유원지에 몇 명 같이 소풍가자고 하는 것을 핑계 대고 가지 않았어. 선생님은 "회장이 안 가면 어떡하느냐" 하면서 나를 설득하셨지만 끝까지 고집을 부리고 가지 않았어.

아들 왜 그러셨어요?

아빠 이유 없이 가기 싫었어.

아들 거기 안 가고 뭐 하셨어요?

아빠 혼자 영화 보러 갔어. 영화를 보면서도 마음이 편하지 않더라.

아들 그때가 사춘기였나 봐요.

아빠 왠지 반항하고 싶더라. 그런데 세월이 지나 생각해보니 이유가 있었어. 그게 뭔지 몰랐을 뿐이지.

아들 그 이유가 뭘까요?

아빠 뭔가 내 존재감을 드러내기 위한 것이 아니었을까. 내가 가는 것 보다 안 가는 것이 더 존재를 증명한다고 생각한 것 같아. 나의 빈자리가 더 크게 느껴짐으로써 존재감을 나타내고 싶은 무의식이었을 거야.

아들 아빠는 겉으로는 평범하게 보이길 바라지만 속으로는 인정받고 싶은 욕구가 강했던 것 아닌가요?

아빠 그랬나 봐. 반항을 통해 존재감을 드러내고 싶어 하는 마음이 내 속에 있었던 거 같아.

아들 그런 걸 아는 게 중요한 것 같아요. 저도 고1 때 수영복 사달라고 아빠에게 말씀드렸는데 아빠가 "입던 것 그냥 입어라"
고 하면서 안 사줬잖아요. 그때 제 방에서 울었어요.

아빠   미안하다. 아직도 그때 일을 기억하고 있구나.

아들   아빠는 초등학교 때 일을 기억하고 계시잖아요. 그때 제 마
음은 수영복이 문제가 아니라 저의 존재감을 나타내고 싶었
던 거예요.

아빠   그랬었구나. 미안하다.

아들   사과를 해주시니 마음이 풀리네요.

명품
가방과 차만 명품이고 사람은?

아들   아빠는 명품에 대해서 어떻게 생각하세요?

아빠   그런 것 살 돈도 없고 관심도 없다.

아들   그래도 아빠 나이에 명품 한두 개 정도 있어야 하지 않아요?

아빠   사람이 명품이 되어야지 물건만 명품이면 뭐하겠니?

아들   하긴 그래요. 하지만 명품이 되기 어려우니 물건이라도 좋
은 것을 갖고 싶은 마음이 아닐까요?

아빠   요즘은 젊은 사람들도 명품을 많이 찾는 것 같더라.

아들   젊은 사람이 명품에 돈을 쓰고, 외제차를 사고 이런 모습을

부정적으로 보시죠? 저도 부정적으로 생각했었는데, 요즘은 생각이 조금 바뀌고 있어요.

아빠 술 권하는 사회에서 명품 권하는 사회로 변해가는구나.

아들 10대는 명품이 한두 개 없으면 같이 놀아주지도 않는대요.

아빠 사달란다고 사주는 부모도 문제다.

아들 "행복은 돈으로 살 수 없다"고들 하지만, 명품과 외제차에 소비를 하는 것이 행복을 구매하는 행위가 아닐까요? 외출할 때 자신의 옷장에서 몇백만 원짜리 명품가방을 들고 나갈 때 행복감을 느낀다면, 전 그 돈이 값어치를 했다고 생각해요. 근면성실하게 절약해서 돈을 어디 쓰겠어요? 집을 살 수도 없을 텐데.

아빠 가방과 차만 명품이면 뭐하냐? 요즘은 외제차를 타고 다닌다고 해서 알아주는 시대도 아니야. 사실 남은 나한테 별로 관심이 없어. 자기도 누군가가 잘 봐주기를 바라고 있거든.

아들 사람이 명품이 되는 것은 너무 어려워요. 요즘은 그 사람이 소비하는 것을 보고 그 사람을 판단하는 시대예요. 돈만 있으면 돈으로 해결하는 것이 가장 쉽죠. 이런 것을 나무랄 수도 없는 게 젊은이들은 집값이 너무 올라 그건 포기하고 상대적인 박탈감에 명품을 사는 거 아닐까요?

아빠 그런 측면도 있겠지. 요즘은 물질만능주의가 만연해 있어.

아들 젊은이들 사이에 유행하는 욜로(YOLO)라는 말 아세요?

아빠 응, 들어봤어. "인생은 한 번 뿐이니 후회 없이 이 순간을 즐기자 (You Only Live Once)"라는 거 아니니?

아들 네, 맞아요.

아빠 미래가 아무리 불확실하다고 하더라도 내일이 없는 것처럼 살아서는 안 되지. 그건 "지금 이 순간을 살라"는 카르페 디엠과는 다른 개념이야. 명품도 명품이지만 성형을 하는 사람들이 많다는데 넌 이걸 어떻게 생각해?

아들 예쁘게 보이고 싶은 마음은 사람의 본능이 아닐까요?

아빠 신이 최초에 만들 때 완벽하게 만들었다고 생각하지 않니?

아들 신이 만들 때 그 사회의 미인상을 고려해서 만들었을까요?

아빠 그걸 고려하는지 모르겠지만 신도 다 계획이 있을 거야.

아들 저도 우리나라 사람들이 성형을 너무 많이 한다고 생각해요.

아빠 외모에 신경 쓰는 것의 10분의 1만 내면에 신경을 쓴다면 정말 좋을 텐데. 이제는 저승사자가 와도 사람들이 성형을 많이 해서 못 알아볼 거야.

아들 성형을 하는 거나 명품을 좋아하는 거나 사람들의 취향인데 이걸 좋다 나쁘다 이야기할 수는 없을 것 같아요.

아빠 명품과 성형의 공통점은 한 번만 하기가 어렵다는 거야. 성형도 한 번 하면 더 좋게 하고 싶은 욕심이 생기기 마련이고, 명품도 하나만 사고 만족할 수는 없어. 나중에 더 좋은 게 나오면 먼저 것은 시들해지거든.

아들 뭐든지 정도가 지나치면 좋지 않죠.

아빠 명품가방보다 그 안에 뭐가 들어 있는가가 중요해. 안에 책도 한 권 없이 가방만 명품이면 뭐하니?

아들 정도가 너무 심한 것도 문제지만 아빠처럼 너무 신경 안 쓰는 것도 좋은 건 아니에요. 우선 차부터 바꾸세요.

아빠 　차는 굴러가면 되지 뭘 더 바라나?

아들 　안전도 중요해요.

아빠 　안전에 문제가 될 만하면 바꿔야지. 아직은 아니야.

아들 　제가 돈 벌어 차 사드릴게요.

아빠 　백수가 무슨 돈이 있어? 아메리카노나 한잔 사라.

아들 　네, 저도 그 차 말한 거예요.

아빠 　아들아, 이런 사람은 되지 마라.

아들 　어떤 사람요?

아빠 　밥은 꼭 챙겨 먹으면서 시 한 줄 읽지 않는 사람, 명품가방은
　　　자랑하면서 그 속에 책 한 권 없는 사람.

아들 　물론이죠.

직업
전문성이 먼저다

아들 　직업을 정할 때 하고 싶은 일과 잘하는 일 중 어떤 것을 선택
　　　해야 하나요?

아빠 　하고 싶은 일과 잘하는 일이 같은 사람은 정말 행운아다. 그
　　　런 사람은 드물지. 둘 중 하나를 선택하라고 한다면 나는 잘

하는 일을 하라고 말하고 싶다.

아들 왜 그래요?

아빠 일은 취미와 다르다. 취미는 내가 하고 싶은 일을 돈을 써가면서 하는 것이야. 그러나 일은 취미가 아니지. 직업은 자신의 전문성을 가지고 고객이 원하는 것을 제공하여 보상을 받는 거야. 고객이 만족하려면 친절도 중요하지만 먼저 전문성이 있어야 한다. 네가 식당에 간다고 해보자. 맛도 있고 친절하면 더 이상 좋을 수 없겠지만 그렇지 못할 경우, 한 집은 맛이 기가 막히게 좋지만 불친절하고, 또 다른 집은 친절하지만 맛이 없다면 어느 집으로 가겠니?

아들 저는 맛이 지독하게 없는 경우가 아니라면 친절한 집에 가고 싶어요. 맛은 거의 다 비슷하지 않나요?

아빠 그렇다면 네가 중요한 수술을 해야 할 상황인데 한 사람은 인간성은 별로인데 수술을 아주 잘하는 사람이고, 또 다른 사람은 수술은 별로지만 인간성이 좋다면 누구를 선택하겠니?

아들 그런 경우는 인간성이 별로라도 수술을 잘하는 사람을 선택하겠어요.

아빠 그것 봐. 전문성이 우선이잖아.

아들 그건 목숨이 달린 문제니까 그렇죠.

아빠 살아가는 것이 목숨을 건 문제는 아니지만 경쟁이 치열해. 그런 경쟁에서 살아남으려면 자신의 강점을 발휘할 수 있는 곳에서 일을 찾아야 돼.

아들 아빠는 저의 강점이 어디에 있다고 생각하세요?

아빠 나를 보면 네가 보인다. 혼자 할 수 있는 것도 중요하지만 사람 속에서 함께할 때 너는 빛을 발휘할 수 있어. 낚시 해 봤지?

아들 네.

아빠 물고기가 물속에 있을 때는 엄청 힘을 쓰지만 물 밖으로 나오면 힘을 쓰지 못해. 너의 물은 사람이다. 거기서 길을 찾아라.

아들 인간관계가 얼마나 힘든지 아시잖아요.

아빠 인간관계가 쉬운 건 아니지만 자신이 어느 정도 해낼 수 있다고 생각하면 거기가 블루오션이야. 대부분 사람들이 좋아하는 곳은 레드오션이야.

아들 저를 다시 한 번 살펴보겠습니다.

기질

내성적에서 외향적으로 변할 수 있나요?

아들 성격도 변할 수 있나요?

아빠 변할 수 있다고도 할 수 있고 없다고도 할 수 있어. 초등학교 동기들을 보면 그때 성격이 지금도 그대로 남아있어. 나는 내성적이었는데 성장하면서 외향적으로 바뀌었어.

아들 어떻게 그렇게 되었어요?

아빠 초등학교 때 내성적이었지만 가끔 웃기기도 하고 남 앞에 나서기도 했어. 사회생활을 하려면 내성적인 성격보다는 외향적인 성격이 더 낫겠다 싶어 의도적으로 노력을 했어. 그러니까 조금씩 바뀌더라.

아들 그러니까 아빠의 전반적인 기질은 내성적인데 상황에 따라 외향적으로 변신하는 것 같아요.

아빠 잘 보았다. 그리고 내가 어렸을 때부터 나도 모르게 노장사상에 젖어 들었어.

아들 어떻게요?

아빠 동양사상은 대체로 말을 적게 하라고 가르쳐. 노자도 달변을 좋아하지 않았어.

아들 눌변을 좋아했죠.

아빠 그래서 말을 많이 하지 않고, 하더라도 잘 못하는 것처럼 했지. 그렇지만 가끔 웃기기는 했어. 말수가 적은 아이가 가끔 웃기니까 더 우습지.

아들 왜요? 다른 사람들은 말을 잘하기 위해 웅변학원이나 스피치학원에도 가는데….

아빠 나는 말을 잘하는 것이 별로 안 좋게 느껴졌어. 다른 사람들의 부러움을 사는 것을 좋잖게 생각했다. 일부러 말을 더듬기도 했어. 그때의 버릇이 지금도 남아있어.

아들 이해가 안 돼요.

아빠 그게 아빠의 기질이야. 그래도 눈치 빠른 사람들은 알아보더라. 어떤 아줌마는 나에게 "말을 함부로 하는 것 같은데 굉장히 조심스럽게 한다"는 말을 했어. 친구들과 이야기할 때도 재미있게는 하는데 유창하게 하려고 하지 않았다. 일부러 틀리게 말해서 웃기기도 했다.

아들 어떻게요?

아빠 낮말은 새가 듣고 밤말은 쥐가 듣는다고 할 것을 낮말은 쥐가 듣고 밤말은 새가 듣는다는 식이었다.

아들 저도 그런 적 있어요. 제가 무슨 이야기를 하는데 친구들이 너무 띄워줘서 "너무 과대평가하지 마라"라고 말한다는 것을 "너무 과소평가하지 마라"고 하며 웃긴 적이 있어요.

아빠 네가 아빠의 유전자를 타고났으니까 닮은 점이 많겠지. 네외할머니는 너 어렸을 때 걸음걸이가 완전히 아빠를 닮았다고 하더라. 자신이 어떤 사람인지 잘 모를 때는 부모를 보면 돼. 예를 들어 차두리는 누가 봐도 축구의 길을 가야 하는 사람이지. 아버지가 유명한 축구 선수 차범근이고 체격조건도 좋잖아.

내가 옛날에 호주, 뉴질랜드에 효도관광 갔을 때 뉴질랜드 가이드가 굉장히 재미있는 사람이었어. 거기서 가이드를 웃긴 사람이 너의 할머니였지. 할머니는 평소 그런 기회가 없어 못 했을 뿐이지 유머감각이 많은 분이었어.

아들 저도 할머니한테서 그런 것을 가끔 느꼈어요.

자아
내가 나를 모르면 바보다

아빠 나는 직관이 뛰어난 것 같아. 그러다 보니 가끔 엉뚱한 행동을 하는 경우가 있었어. 옛날에 대학면접 때 엉뚱한 곳으로 간 적이 있었다. 당시 캠퍼스가 두 개였는데, 집에서 걸어서 10분이면 되는 캠퍼스를 두고 버스로 1시간 반 정도 걸리는 다른 곳으로 간 거야. 그곳은 예체능계 학생들만 면접을 보는 곳이었는데 말이다.

아들 그래서 어떻게 되었어요?

아빠 다시 돌아오니 내 차례는 벌써 끝나고 마지막 서너 명만 남아 있었어. 기다렸다가 교수들이 마치고 나오려고 하는데 내가 들어가서 사정을 이야기하고 면접을 봤는데 정신이 하나도 없더라. 붙긴 했지만 내가 왜 그런 엉뚱한 행동을 했는지 이해가 안 되더라. 면접 예비소집 때 누군가가 내 뒤에서 지나가는 이야기로 하는 것을 듣고 그런 행동을 한 거야.

아들 그건 직관력이 뛰어나서 그런 게 아니라 치밀하지 못해서 그런 거 아닐까요?

아빠 뭐 그렇게 볼 수도 있겠지. 나는 꼼꼼할 때는 지나치게 꼼꼼하고 어떤 때는 지나치게 덤벙대는 기질이 있어. 너도 그렇더구나.

아들 아빠를 보면 저의 모습이 어느 정도 보이는 것 같아요.

아빠 온 세상의 정보가 내 손안에 있어도 내가 나를 모르면 바보다. 그건 마치 아무리 시험을 잘 쳤다고 해도 답안지에 이름을 쓰지 않은 것과 같다.

아들 아빠는 MBTI를 어떻게 생각하세요?

아빠 나도 한 번 본 적은 있어. 하지만 크게 비중을 두지는 않아.

아들 결과는 어땠어요?

아빠 ENTJ로 나왔는데 나는 내가 외향적이다 사고형이다, 이런 것으로 알 수 있는 존재가 아니야.

아들 그럼 자신을 어떻게 아나요?

아빠 그보다는 내가 많이 생각하는 것, 내가 사랑하는 것, 내가 많이 하는 말, 내가 믿는 것, 남과 구별되는 어떤 것, 내가 하는 행동, 이런 것들이 모두 합쳐진 것이 나다.

아들 다른 사람들의 눈에 비친 아빠의 이미지는 어떤 거 같아요?

아빠 나는 다른 사람들이 나를 어떻게 보는가 보다 나 스스로를 어떻게 보는가가 더 중요하다고 생각해.

아들 그러면 질문을 바꿔보겠습니다.

아빠는 자신을 어떤 사람으로 보세요?

아빠 그렇게 물으니 할 말이 많아진다. 나의 이미지는 웃음, 유머, 편안함, 지혜, 끈기, 열정, 반전, 유쾌, 막춤, 성실, 리더십, 임기응변 등이지.

아들 우와! 엄청 많네요.

아빠 다른 사람들의 의견이 중요한 건 아니지만 내 생각과 비슷할 거야. 나를 어떻게 생각하는가는 그들의 자유야.

전경(戰警) 시절, 경찰서 근처에 있는 서점에 자주 갔었는데 여주인이 나보고 두 번 놀랐다고 하더라.

아들 왜요?

아빠 한 번은 너무 부드러운 인상에 놀랐고, 또 한 번은 너무 날카로워서 놀랐대. 그러면서 나보고 "두 얼굴을 가진 사람이 아니냐?"고 해서 "내가 두 얼굴을 가졌으면 하필 이런 얼굴을 하고 다니겠습니까?" 라고 했더니 깔깔 웃더라.

아들 아빠, 그 말은 링컨의 유명한 유머 아니에요?

아빠 맞다. 내가 패러디해서 한 번 써 먹었지. 또 한 번은 사귀던 아가씨가 나에게 "평범 속에 비범을 갖춘 사람"이라고 하더라.

아들 그 아가씨가 엄마예요?

아빠 아니다. 내가 엄마밖에 모르는 사람인 줄 아니?

아들 엄마도 이 사실을 아세요?

아빠 무슨 사실? 그렇게 말한 사실, 아니면 아가씨를 사귀었다는 사실 말이냐?

아들 아가씨요.

아빠 총각이 아가씨 사귀는 게 문제냐?

아들 그게 아니라 그 사실을 이야기 안 했다는 것이 더 이상하죠.

아빠 진실이라고 해서 다 말해야 할 필요는 없다. 특히 지금의 여자에게 과거 여자 이야기를 할 필요는 더욱 없지.

아들 아빠가 떳떳하면 이야기 못 할 것도 없지요.

아빠 물론 그렇지만 해서 안 좋은 이야기는 할 필요가 없어. 결혼을 하더라도 과거 여자 이야기를 하지 마라. 사랑을 하면 그 사람의 과거에 대해 알고 싶은 마음이 생기지만 미루어 짐작하는 것과 구체적으로 이야기하는 것과는 다르지. 만약 과거의 깊은 이야기를 한다면 겉으로는 태연한 척하겠지만 속으로는 불편할 수도 있어. 진실을 말할 때가 가장 위험해. 명심해라.

삶
나는 아이 같은 어른으로 살고 싶어

아들 아빠는 노후를 어떻게 보낼 것 같아요?

아빠 공부하고 운동하고 가끔 여행도 하겠지. 어디 가나 술은 빠지면 안 되고.

아들 누나들이 아빠보고 귀엽다고 하던데 어떻게 생각하세요?

아빠 처음에는 좀 이상하게 들렸는데 이제는 좋아. 나는 아이 같은 어른으로 살고 싶어.

아들 왜요?

아빠 순수하게 사는 것이 아름다운 삶이지. 태어날 때 모습을 오래 간직하고 있으면 좋겠어. 옛 성인들은 어린아이의 마음을 가지라고 했다. 예수는 천국에 들어가기 위해서는 어린

아이와 같은 마음을 가져야 한다고 했고, 노자는 두터운 덕을 지닌 사람은 갓난아이와 같다고 했다. 맹자는 대인은 갓난아이의 마음을 잃지 않는 사람이라고 했다.

아들   니체도 아이처럼 살라고 하지 않았나요?

아빠   잘 아는구나. 니체도 낙타와 사자의 삶 다음에는 어린아이와 같은 삶을 살라고 했지.

아들   진짜 어린아이와 아이 같은 어른의 차이는 무엇일까요?

아빠   아이는 아무것도 모르기 때문에 순진하게 보이지. 아이 같은 어른은 산전수전 다 겪으며 알 것 다 알지만 아이의 순수한 마음을 잃어버리지 않은 사람이야. 겉은 같아 보여도 속은 완전히 달라. 마치 피카소의 그림이 아이가 그린 그림과 비슷해 보이지만 완전히 다른 것처럼 말이다. 이런 건 아무나 못해. 초절정 고수라야 할 수 있지.

아들   성철 스님이 말한 "산은 산이고 물은 물이다"라는 뜻이군요.

아빠   네가 그렇게 깊은 뜻을 알고 있었구나.

현대인은 누구나 3개의 자신을 가지고 살아간다고 한다.
직장이나 고객과 만나는 공적인 자신, 친한 사람이나 가족과 있
는 자신, 그리고 오직 나밖에 모르는 나 자신이 있다. 이 중 무엇
이 나의 진정한 모습일까 고민하고 괴로워한 적이 많았다.
하지만 의미 없는 고민이었다. 이 3개가 모두 나 자신이니까.
가족과 주변 사람들 모두 내가 처음 보는 사람과도 잘 어울리고,
유머코드가 있으며 외향적이라 영업직이 잘 어울릴 것이라 말
했다. 당연히 나도 그렇게 생각했다. 하지만 그게 내 진짜 모습이
아니라는 것을 영업직을 하며 깨달았다. 나는 생각보다 내성적
이고 익살도 없으며 군중 속에 있는 것에 스트레스를 받는 체질
이었다. 흔히 말하는 인싸가 아니었던 것이다.
처음에는 이 사실을 도저히 인정할 수 없었다. 이십 몇 년을 그렇
게 알고 살아왔으니 당연하다. 하지만 이것을 인정하고 나니 나
자신을 더 아낄 수 있게 되었다. 내가 나를 몰라주면 누가 나를
알아주겠는가.
앞으로도 어떤 목적에 맞게 나를 맞추어야 할 때가 많겠지만, 나
는 나 자신으로 살고 싶다.

PART 3
성장

독서와 여행은 낯선 것과의 만남을 통하여 나를 성장시킨다.

또한 익숙한 일상을 새롭게 보는 눈을 키워준다.

독서는 앉아서 하는 여행, 여행은 서서 하는 독서다.

한 권의 책을 읽거나 여행을 갔다온 사람은 전과 같지 않다.

세상은 그대로인데 세상을 보는 나의 눈이 바뀐 것이다.

독서와 여행에 사색이 곁들이면 삶은 더욱 깊어진다.

책은 시간이 날 때 읽는 것이 아니라 시간을 내서 읽어야 한다.

독서와 여행은 나의 세계를 확장하고,

나와 세상을 보는 눈을 길러준다.

독서
4차 산업혁명시대에 필요한 건 사람공부란다

아들 아빠는 4차 산업에 대해 어떻게 생각하세요?

아빠 제일 먼저 생각나는 건 인공지능 로봇이 인간의 일을 대신
하는 거야. 4차 산업의 핵심은 자동화와 융합화 그리고 연결
화라 생각해. 10년 후에는 우리 생활이 어떻게 바뀔지 몰라.

아들 그렇게 되면 인간이 편리하기도 하겠지만 실업자가 그만큼
늘어날 거 아니에요. 지금도 청년실업이 많은데 그게 꼭 필
요할까요?

아빠 기술은 그런 것과 상관없이 발전하기 마련이다. 우리가 할
수 있는 일은 변화하는 세상에 어떻게 적응하는가이지.

아들 하긴 옛날에 포드에서 컨베이어벨트가 나왔을 때 노동자들
이 그 벨트를 부수었죠. 같은 맥락이군요. 거대한 변화의 바
람을 선풍기나 부채로 막을 수는 없겠죠. 4차 산업의 시대를
살아가려면 어떻게 해야 되나요?

아빠 이제 많이 아는 것이 중요한 시대는 지났다. 아무리 지식이
      많은 사람이라도 네이버나 구글보다는 못해. 앞으로는 인공
      지능을 가진 로봇이 할 수 없는 일을 할 수 있어야 돼. 기계
      가 대체할 수 없는 인간 고유의 지혜를 가져야 하지.

아들 그럼 학교 공부가 필요 없다는 거예요?

아빠 그런 것은 아니다. 지혜도 지식이 있어야 생겨. 이제는 교육
      도 변해야 해. 주입식 교육에서 벗어나야 한다는 말이다.

아들 지금 인문학 열풍이 부는 것도 그런 맥락일까요?

아빠 그렇지. 대학교에서는 인문학이 죽었다고 하는데 지금 사회
      에서는 인문학 열풍이 불고 있어. 평범한 책도 '인문'이라는
      말을 갖다 붙이면 잘 팔릴 정도지.

아들 기술이 더 발전하면 로봇이 다양한 감정이나 지혜를 가질
      수도 있지 않을까요?

아빠 로봇이 감정을 표현하고 지혜를 가진다고 해도 그건 어디까
      지나 인간이 설계한 대로 주어진 조건에 반응하는 것이지
      인간의 감정과는 다르지. 알파고가 이세돌에게 바둑을 이겼
      다고 기뻐하고 행복을 느낄 수 있을까?

아들 인문학 열풍을 일으킨 사람이 스티브 잡스죠?

아빠 그가 열풍을 일으켰다기보다 그의 탁월한 업적과 능력을 연
      구한 사람들이 알아낸 비결이 인문학이었던 것이지. 스티브
      잡스는 '애플을 애플답게 한 것은 인문학과 기술의 결합'이
      라고 했다. 그가 "소크라테스와 점심을 먹을 수 있다면 애플
      의 모든 기술을 걸겠다"고 한 말은 유명해.

아들 왜 하필 소크라테스죠?

아빠 그건 어떤 특정한 철학자가 아닌 상징적인 의미가 크다고 봐야지.

아들 요즘 철학과가 없어진 대학도 많은데 사회에서 인문학을 강조하는 이유가 어디에 있나요?

아빠 요즘 대학은 학문을 하는 곳이 아니라 취업양성기관으로 전락했다고 해도 과언이 아니야. 인문학으로 대표되는 문학, 역사, 철학을 전공하면 밥 벌어먹기가 어려운 것도 사실이다. 인문학이 밥을 해결해줄 수는 없지만 인생의 근원적인 물음에 대한 대답을 줄 수는 있다. 가장 이상적인 것은 다른 전공자가 인문학적인 소양을 갖추는 것이지.

아들 인문학을 한마디로 말하면 뭐예요?

아빠 사람 공부야. 이 세상은 크게 자연과 사람으로 구분되는데 자연을 공부하면 자연과학, 사람을 공부하면 인문학이지. 나를 알려면 인간을 알아야 하고, 인간을 알면 내가 보여.

아들 나를 아는 것과 인간을 아는 것 중 뭐가 더 어려워요?

아빠 나를 아는 것이 더 어렵다. 소크라테스가 한 "너 자신을 알라"는 말이 불후의 명언이 된 것도 그만큼 나를 아는 게 중요하고도 어렵기 때문이다. 인간을 아는 것은 객관적이고, 나를 아는 것은 주관적이지. 나를 바르게 안다는 것은 그만큼 어려운 일이야.

아들 소크라테스가 자신을 알라고 한 것은 자신의 무엇을 알라고 한 거예요?

아빠 여러 가지 의미가 있겠지만 '나는 누구이며, 무엇을 위해 살아야 하는가' 하는 것이다. 그런 것을 스스로에게 물으면 '내가 아는 것이 없다'는 대답이 나오겠지. 소크라테스는 "내가 아는 것이 없다는 것을 아는 것이 가장 큰 지혜" 라고 말했어. 이것을 '무지의 지' 라고 한다.

아들 그것은 공자가 말한 "아는 것을 안다고 하고, 모르는 것을 모른다고 하는 것이 바로 아는 것이다" 와 같은 맥락이죠.

아빠 하나를 말하니 둘을 아는구나.

아들 아빠는 독서의 목적이 뭐라고 생각하세요?

아빠 자신의 그릇을 키우기 위한 것이라고 생각해. 사람은 자신의 그릇대로 살아. 게오르그 짐멜은 "자신의 그릇 크기를 키워라. 우리는 바다에서 자신의 그릇 크기와 형태에 따라 물을 퍼올릴 수 있다"고 했다.

아들 그 사람이 누구죠?

아빠 독일의 철학자다. 독서의 두 번째 목적은 생각하는 힘을 키우는 것이다. 책을 읽으면 무엇보다 생각이 깊어지지. 인류가 수천 년 동안 쌓아온 지식과 지혜가 그 속에 다 들어있어. 우리는 거기서 나에게 필요한 것을 퍼담으면 돼. 한 권의 책을 읽을 때마다 우리의 그릇은 그만큼 커지고 생각은 깊어진다.

아들 지혜를 얻기 위해서는 풍부한 독서와 다양한 경험이 필요하다는 것이군요.

아빠 네 방에는 책이 별로 안 보이던데 독서는 하지 않니?

아들 　저는 전자책 읽어요. 요즘 저희 또래는 종이책 잘 안 읽어요.

아빠 　오래 보면 눈이 피곤할 텐데….

아들 　처음에는 그랬는데 습관이 되면 괜찮아요.

아빠 　잠깐 보는 건 괜찮겠지만 서너 시간 이상 보면 전자책은 힘들 것 같구나.

아들 　저는 이게 더 좋아요. 가격도 싸고 독서량도 늘어나고요. 책을 사러 서점에 갈 필요가 없죠.

아빠 　무엇을 보는가가 중요한데, 요즘은 어떤 책을 읽니?

아들 　시대의 트렌드를 읽는 책과 경제에 관한 책을 주로 읽어요.

아빠 　물론 그런 책도 중요하지만 인문서를 더 많이 읽어라. 15년 전 구본형 선생님이 나에게 하신 말씀을 똑같이 네게 하게 되는구나. 그때 아빠가 자기계발서를 많이 읽는다고 했더니 그런 건 이제 그만 읽어도 된다고 하시더라. 나는 일단 알겠다고 했지만 무슨 책을 읽어야 할지 막막했어. 그때는 인문학이 지금처럼 뜨지 않았을 때야.

아들 　그래서 어떻게 하셨어요?

아빠 　일단 고전 중에서 철학책부터 읽었어. 동양철학부터 읽은 다음 서양철학을 읽었다.

아들 　어느 철학자의 책부터 읽었어요?

아빠 　고대철학은 일단 제쳐두고 근대철학부터 읽었지. 쇼펜하우어, 니체, 스피노자, 비트겐슈타인 같은 학자들의 책을 읽었어. 그중에서 니체의 철학이 가장 와닿더라.

아들 　저도 이진우 교수가 쓴 《니체의 인생강의》는 읽어봤어요.

아빠 그 책이 쉽고 니체의 사상을 잘 정리했지. 아빠는 그 책을 아홉 번 읽었다.

아들 왜 그렇게 많이 읽었어요?

아빠 책도 젊을 때 많이 읽어야지 나이가 드니 이해는 잘 되는데 금세 잊어버려. 이제는 많은 책을 읽는 것보다 좋은 책을 여러 번 읽는 게 더 좋더라.

아들 아빠는 젊을 때도 삼국지를 여러 번 읽었잖아요.

아빠 여섯 번 읽었지. 그 책은 워낙 방대해서 그 정도는 읽어야 완전히 자기 것으로 만들 수 있다.

아들 책은 어느 시기에 읽는 것이 좋은가요?

아빠 나이 들어 읽는 것보다는 젊을 때 읽는 것이 좋지. 나이 들어 읽으면 이해는 잘 되지만 기억이 잘 안 돼. 한 번 읽은 책인데 다음에 또 산 경우도 몇 번 있었어.
또 하나, 사고의 체계가 잡히기 전에 읽으면 책이 길잡이 역할을 해주지. 같은 책이라도 젊을 때 읽은 건 감동이 달라.

아들 우리나라 교육 현실에서 학창시절에 책 읽는 게 어렵잖아요. 대학도 마찬가지고 사회에 나와서도 마찬가지죠.

아빠 그렇긴 하지만 자신이 노력하면 어느 정도는 할 수 있지. 시간이 없어 책을 안 읽는다는 아이들이 게임은 어떻게 하니? 학교 다닐 때는 공부한다고 못 읽고 졸업해서는 당연히 안 읽어도 된다고 생각하지. 그게 잘못된 거야. 독서는 시간을 내서 하는 것이지 시간이 날 때 하는 게 아니야. 시간이 없어 못 한다는 사람은 시간이 있어도 안 읽어.

아들 아빠는 학창 시절에 독서를 얼마나 했어요?

아빠 고1까지는 많이 했어. 특히 고1 때 세계문학을 25권정도 읽었는데 그때 읽은 책들이 살아가는데 많은 힘이 되었어.

아들 제가 봐도 요즘 사람들이 정말 책을 안 읽는 것 같아요.

아빠 요즘은 책 읽는 사람이 오히려 이상한 사람이 되는 세상이다. 우리나라 성인의 한 달 평균 독서량이 몇 권인지 아니?

아들 한 권이 채 안 돼요.

아빠 0.8권으로, OECD 중 최하위래. 경제는 10위권인데 독서량이 부끄러운 수준이지.

아들 그것도 매년 줄고 있대요. 요즘 책 읽는 사람이 귀해요.

아빠 90년대에 도쿄에 갔는데 지하철에 노숙자가 있었어. 우리나라는 소주병을 쌓아놓고 있지만 그곳은 책을 쌓아놓고 있더라. 물론 만화책이 많았지만.

아들 스마트폰이 나오고 나서 책을 더 안 읽어요.

아빠 워낙 볼거리가 많으니 책이 눈에 들어오겠니?

아들 저는 이런 생각이 들어요.

아빠 어떤 생각?

아들 이런 게 안타깝기는 한데 과연 이게 부정적이기만 한 걸까요? 영상매체와 SNS가 발달하면서 우리는 필요한 정보를 책보다 훨씬 더 간편하고 빠르게 얻을 수 있어요. 더 다양한 목소리를 통해서요.

유튜브에 '경제학 강의' 하나만 쳐도 실력과 재미를 모두 겸비한 유명한 사람들의 강의가 수십 가지는 넘게 검색돼요.

인문학도 마찬가지예요. 유명한 교수나 철학자의 강의를 손가락 터치 몇 번으로 바로바로 볼 수 있는 시대예요. 이런 상황에서도 과연 독서의 중요성을 강조하고 독서하지 않는 세태를 비판하고 안타까워하는 게 맞을까요? 자연스러운 시대의 흐름은 아닐까요?

아빠 시대의 흐름을 거스를 수는 없지만 그렇다고 해서 책의 장점이 줄어드는 건 아니야. 너는 책의 장점이 어떤 것이라 생각해?

아들 무엇보다 책을 통해 지식을 얻을 수 있죠.

아빠 그렇지. 인터넷으로도 지식을 얻을 수 있지만 인터넷은 지식보다는 정보야. 그것도 검증이 안 된 것들이 많아. 인터넷은 산발적이지만 책은 체계적이다. 깊은 지식을 얻으려면 역시 책이야. 깊은 지식을 통해 논리적 사고능력을 키워주지. 얼마 전 지하철 안에서 두꺼운 책을 꺼내서 읽는데….

아들 사람들이 이상한 눈으로 보지 않았어요?

아빠 이상한 나라의 앨리스를 보는 표정이더구나.

아들 요즘 아빠가 읽는 책은 대부분 어려운 책 같아요.

아빠 가벼운 역기는 근육을 키우지 못하듯이 가벼운 책은 우리의 마음을 키우지 못해.

아들 마음을 키우는 것도 좋은데 책은 일단 재미가 있어야 되지 않나요?

아빠 물론이지. 여행도 즐거워야 하듯이 책도 재미있어야 해. 책을 많이 읽다 보면 쉬운 책은 가벼운 느낌이 들어. 마치 경차를 타는 것처럼 가벼운 게 더 피곤해. 어려운 책은 묵직한 느낌이 오는 게 중형 세단을 타는 느낌이란다.

아들 저는 요즘 마이클 샌델의 《공정이라는 착각》을 읽고 있어요.

아빠 유명한 사람들의 책은 명성에 비해 얻을 것이 적더라. 전에 읽은 《정의란 무엇인가》도 그랬어.

아들 그래도 사람들이 그런 책을 많이 찾는 이유는 그만큼 우리 사회에 그런 게 부족하다는 증거가 아닐까요?

아빠 그렇지. 우리 사회에서 '공정'이나 '정의'가 그만큼 흔들리고 있다는 거겠지.

고전
쓸모없이 읽었던 것들이 쓸모있어질 것이다

아들 아빠가 생각하는 책의 다른 장점은 뭐예요?

아빠 집중력을 길러준다는 것이지.

아들 아빠는 영화를 볼 때는 자주 졸지만 책을 볼 땐 안 그래요.

아빠 맞아. 옛날에 007영화를 보면서도 존 적이 있었지. 책을 볼 때는 그렇지 않아.

아들 그건 왜 그래요?

아빠 책은 능동적인 자세로 보고 영화는 흘러가는 대로 따라가는 수동적인 자세여서 그런 것 같아. 영화도 스릴과 박진감이 넘치는 것보다 조용하면서 생각할 게 많은 영화를 볼 때는 졸리지 않아. 졸리는 건 생각할 것이 많은가 적은가에 달린 것 같아. 그리고 책이 가장 좋은 것은 바로 이거야.

아들 뭔데요?

아빠 상상력. 책은 상상력을 길러줘. 텍스트 정보는 영상매체보다 정보력이 떨어지지. 이것이 책의 단점이기도 하지만 또 책의 장점이기도 해. 이 떨어지는 정보의 한계가 독자로 하여금 상상력을 발휘하게 만들지. 그래서 같은 책을 읽어도 느낌은 독자들마다 달라. 마지막으로 한 가지 더 있어.

아들 그게 뭐예요?

아빠 스트레스 해소야.

아들 책을 읽으면 스트레스가 풀린단 말이에요? 저는 더 쌓이는 것 같던데요.

아빠 이건 내 생각이 아니라 영국의 서섹스대학교 루이스 박사가 독서, 산책, 음악감상, 비디오게임 등 여러 가지로 실험한 결과를 가지고 이야기하는 거야.

아들 1위가 독서예요? 이해가 안 돼요.

아빠 6분가량의 독서 후 스트레스가 무려 68퍼센트가 감소했고 심장박동수가 낮아지고 근육의 긴장이 풀렸어. 독서를 통해 감성적, 정신적으로 안정을 주면 스트레스가 풀리지.

아들 다른 건 어떻게 나왔어요?

아빠 음악감상이 61퍼센트, 산책이 42퍼센트로 나왔어. 반면 비디오게임은 21퍼센트로 줄었지만 심박수는 오히려 더 늘어났고, 온라인게임은 오히려 스트레스가 더 늘어났다고 하는구나.

아들 독서에 좀 더 정을 붙이는 노력을 해야겠네요.

아빠 좋은 생각이다. 네 나이에 아직도 게임을 한다는 게 이해가 되지 않아.

아들 게임을 너무 색안경 끼고 보지 마세요. 어른들이 TV 드라마 보는 것과 같아요.

아빠 그 마음 이해는 되는데 한정된 시간 안에서 어느 것이 삶에 도움이 되는지 생각해 봐. 책을 많이 읽어. 그 중에서 고전을 많이 읽는 것이 좋아.

아들 "고전이란 모두가 읽고 싶어 하지만 아무도 안 읽은 책"이라는 말도 있는 것처럼 읽는 게 어려워요.

아빠 마크 트웨인이 그런 말을 했지. 고전이 읽기 어려운 것은 사실이지만 오랜 세월을 살아온 데는 다 이유가 있어. 고전을 읽으면 수백, 수천 년을 살아온 이들과 대화를 나눌 수 있어. 고전이 당장에 쓰임이 없을 것 같아도 우리가 삶에서 어려움을 겪을 때 이겨낼 수 있는 힘을 주지. 오스카 와일드 알지?

아들 네, 아일랜드의 유명한 작가죠.

아빠 그는 "아무 것도 할 수 없는 절망에 빠진 사람이 어떤 모습으로 변할지 결정하는 것은 지난날 쓸모없이 읽었던 것들이

다" 라고 했어.

아들 고전이 교양의 기초라고 볼 수 있겠네요.

아빠 그렇지. 건물도 기초가 튼튼해야 무너지지 않듯이 사람도 기본이 튼튼해야 돼. 고전을 포함한 인문학은 삶을 성찰하게 하고 비판의식을 함양한다. 그런 사람이 질문을 할 수가 있다. 질문이 나의 그릇을 만들어. 질문의 크기가 존재의 크기이며 질문의 깊이가 존재의 깊이야. 검색보다 사색을, 대답보다 질문을 더 많이 해야 돼.

아들 어떻게 질문하는가에 따라 답이 다른 것 같아요.

아빠 뿌린 대로 거두는 것처럼 묻는 대로 답을 얻을 수 있어. 결국 같은 상황인데 어떻게 묻느냐에 따라 답이 달라진다. 스스로에게 하는 질문이 중요해. 우리는 자신에게 질문하여 답을 찾는 것이 아니라 먼저 답을 정해 놓고 거기에 맞는 질문을 하고 있는지도 몰라.

아들 예를 들면요?

아빠 휴일에 산에 가야 하는 이유는 한 가지 밖에 없지만 가지 않을 이유는 열 가지도 넘지. 그러면 산에 가기 싫은 사람은 스스로 어떤 질문을 할까?

아들 안 갈 이유를 찾겠죠.

아빠 그렇지. 수면제가 없으면 잠이 안 오는 사람이 '나는 왜 잠이 안 올까?'를 묻지 말고 '나는 정말 잠이 필요할 만큼 하루를 보냈는가?' 라고 물으면 어떻게 될까?

아들 그 사람의 하루가 달라지겠죠.

아빠 사랑을 찾지 못한 사람이 '왜 나를 사랑하는 사람이 없을까?'
를 묻지 말고 '나는 향기가 있는 사람인가?' 라고 물으면 어
떻게 될까?

아들 자신이 더 나은 사람이 되겠죠.

아빠 그렇지. 그렇게 묻는다면 분명히 달라지겠지?

아들 저는 '나는 왜 취업이 이렇게 어려운가?'를 물을 것이 아니라
'나는 정말 사회가 필요한 인재인가?' 라고 물어야 할 것 같
네요.

아빠 그렇게 물으면 더 좋은 결과가 나오겠지. 건투를 빈다.

여행
오지 여행에서 얻는 것이 많더라

아빠 몇 년 전에 몽골 여행을 같이 가기로 해놓고 못 간 게 못내
아쉽네.

아들 저도 그래요. 그 대신 섬 여행을 했잖아요.

아빠 그때 우리가 이야기를 많이 했지.

아들 저는 술 마신 기억밖에 없어요.

아빠 술 마시면서 이야기를 많이 했잖아. 그때 민어회가 참 맛있
었지.

아들 무슨 이야기를 했는지는 기억이 나지 않지만 그 분위기는 지금도 눈에 선해요.

아빠 그게 중요하다. 좋은 책을 읽어도 시간이 지나면 내용을 많이 잊어버리지만 그렇다고 책을 읽은 것이 소용이 없는 건 아니야. 책을 읽으면서 생각을 하고 의식이 변하고 더 나은 사람이 되었다고 생각하는 것이 중요해.

아들 엄마는 여행을 좋아하는데 왜 아빠는 안 좋아해요?

아빠 아니야, 엄마만큼은 아니지만 나도 여행을 좋아해.

아들 아빠는 해외여행을 가더라도 시차 적응도 잘하고 음식도 다 잘 드시죠.

아빠 그렇지. 그런데 티베트에 가서는 고산병 때문에 고생을 많이 했다.

아들 그때 찍은 사진을 보니 얼굴이 많이 부으셨던데요.

아빠 안 그래도 넓은 얼굴이 부었으니 어땠겠니? 고생은 했지만 거기 갔다와서 인생관이 바뀌었어.

아들 어떻게요?

아빠 숨만 쉬어도 행복하다는 것을 느꼈어. 거기서는 숨 쉬는 것도 의식을 해야 할 정도였어. 전에는 지긋지긋하게 보이던 잡초도 예쁘게 보이더구나.

아들 거기에는 잡초가 없나요?

아빠 고산지대라 잡초가 없었어.

아들 고생하신 보람이 있네요.

아빠 놀기 좋은 곳보다 오지 여행에서 얻는 것이 많더라.

아들   저도 한번 가고 싶어요.

아빠   한번 갔다 와라. 인생관이 바뀐다.

아들   다음에는 어디를 가고 싶으세요?

아빠   영국에 있는 레이크 디스트릭트에 가고 싶다.

아들   특별한 이유가 있나요? 큰누나하고 가시면 되겠네요.

아빠   아직 때 묻지 않은 자연 속에서 힐링을 좀 하고 싶어.
     너는 어디에 가고 싶니?

아들   몽골요.

아빠   아직도 미련이 남아 있나 보네.

아들   꼭 가고 싶어요.

아빠   너는 여행의 목적이 무엇이라고 생각해?

아들   일단 현실에서 벗어나는 것이죠. 지금, 여기를 벗어나서 낯
     선 곳에서 새로운 경험을 하는 것이 여행의 목적이라고 생
     각해요.

아빠   같은 곳을 갔다오더라도 사람마다 느끼고 배우는 것이 다르
     지. 엄마는 기도와 여행이 삶의 에너지가 된다고 생각해.

아들   그럼 여행 가서 기도하면 에너지가 두 배가 되겠네요.

아빠   대단한 유머야.

아들   아빠는 독서와 여행 중 하나를 택하라면 어느 것을 택하겠
     어요?

아빠   나는 독서를 택하겠다.

아들   저도 그럴 줄 알았어요.

아빠   칸트는 평생 태어난 고향을 벗어난 적이 없지만 위대한 철

학자가 되었어.

아들　하지만 괴테는 이탈리아 여행을 갔다온 뒤로 문학이 더욱 깊어졌어요. 그가 이탈리아 여행을 "다시 태어나게 하고 충실을 기할 수 있게 한 일대사(一大事)다" 라고 했어요. 많은 곳을 가면 많은 것을 느낄 수 있겠죠.

아빠　여행이 견문을 넓게 하는 것도 있지만 그보다 견문 넓은 사람이 여행을 통해서 더 넓어지는 경우가 많아.

아들　아빠는 여행의 목적이 무엇이라고 생각하세요?

아빠　여행이란 낯선 세계를 경험하면서 다른 문화를 배우는 것이라 생각해. 여행을 통해 현재의 나를 버리고 새로운 나를 찾아가는 것이지.

　　　또 다른 목적은 익숙한 것을 낯설게 보고 낯선 것을 익숙하게 보는 것이다. 그런 능력이 생기면 같은 일상이라도 다르게 볼 수 있지. 같은 사물을 보더라도, 같은 사람을 대하더라도 다르게 볼 수 있어. 그래서 여행을 갔다오면 전에는 느끼지 못한 것을 느낄 수 있게 된다.

아들　사람들이 외국에 한번 갔다오면 애국자가 되고, 자기 집이 좋다는 것을 느낄 수 있죠?

아빠　세상은 그대로인데 그것을 보는 관점이 변하여 세상이 다르게 보이는 것이지. 우리가 여행에서 돌아오면 자신이 그전의 자기가 아님을 깨닫게 되는 것은 세상이 바뀐 것이 아니라 자신이 바뀌었기 때문이야.

사색
지금, 여기에 집중하는 힘

아빠 독서와 여행의 공통점은 뭐라고 생각해?

아들 둘 다 사람을 바꿔요. 책도 읽기 전과 읽은 후 사람이 달라지듯이 여행도 가기 전과 후의 사람이 다르죠.

아빠 정확하구나. 둘 다 지적 호기심을 충족시키는 활동이며, 자신의 세계를 뛰어넘는 공부라 생각해. 물론 그 과정에서 고통도 따르지만 그런 것이 있기에 사람이 더욱 깊어지겠지.

아들 아빠가 생각하는 공통점은 뭐예요?

아빠 내가 생각하는 공통점은 둘 다 지금, 여기에 집중하는 것이다. 나는 여행 가방에 항상 책을 몇 권 가지고 가. 나는 여행에 관한 이 말을 좋아해.

아들 어떤 말요?

아빠 "여행은 서서 하는 독서이고, 독서는 앉아서 하는 여행이다."

아들 정말 핵심을 찌르는 말이네요.

아빠 특별한 경우가 아니면 같은 곳을 두 번 여행하는 사람이 잘 없지. 책도 마찬가지야. 그래서 여행이나 독서를 할 때는 그 순간에 집중하지.

아들 저는 여행 중에 독서도 좋지만 그냥 여행 그 자체에 집중하는 게 더 좋아요. 아빠 말씀처럼 여행 자체가 서서 하는 독서인데 거기에 책까지 읽으면 옥상옥이 될 수도 있다고 생각해요.

아빠 그 말도 맞구나. 하지만 여행 중에 자투리 시간에는 책을 보는 것도 좋은 방법이야. 독서가 특별한 행위가 아니라 먹고 마시는 것처럼 일상이 되어야 한다고 생각해.

나는 니체의 《차라투스트라는 이렇게 말했다》를 실크로드 여행 중 버스 안에서 다 읽었다.

아들 그렇게 어려운 책을 어떻게 버스에서 읽었어요?

아빠 책을 찢어서 매일 조금씩 읽었지.

아들 버스에서는 책보다 창밖의 풍경을 보는 게 더 좋지 않나요? 눈에도 안 좋을 텐데….

아빠 네 말이 맞다. 여행을 가면 그 나라의 문화에 집중하는 게 좋아. 그런데 중국에서는 버스가 이유도 모르게 오래 길 위에 서있는 경우가 많아서 그렇게 해봤어.

아들 여행이 다른 문화를 배우는 것이라고 했는데 문화를 한마디로 하면 뭐라고 할 수 있을까요?

아빠 문화는 사람들이 사는 방식이야. 나라마다 인종, 언어, 자연, 역사, 정치, 종교가 다르기 때문에 의식주뿐만 아니라 생각이나 의식(儀式) 등 삶의 모든 것이 달라.

처음 몇 나라를 가면 사람 사는 게 다 다른 것 같지만 많은 나라를 가면 사람 사는 모습이 다 비슷하다는 생각이 들지. 책도 마찬가지야. 몇 권 읽을 때는 책마다 느낌이 다른 듯하지만 많이 읽으면 사람 생각 다 비슷하다는 생각이 들지.

아들 여행과 독서가 그만큼 사람의 생각을 키운다고 보면 되겠네요.

아빠 그렇지.

아들 독서와 사색 중 하나만 한다면 어느 것이 나을까요?

아빠 하나만 있어서는 안 돼. 독서와 사색은 같이 가야 된다. 사색 없는 독서는 밑 빠진 독에 물을 붓는 것이고, 독서 없는 사색은 밑 빠진 바가지로 물을 푸는 것이다. 독서를 많이 하는 사람은 사색을 많이 해. 왜냐하면 독서가 사색의 재료를 제공하기 때문이지. 반면에 책을 안 읽는 사람은 사색을 하려고 해도 재료가 없기 때문에 사색에 한계가 있어.

아들 아빠는 삶이 힘들 때 어떻게 극복하세요?

아빠 삶이 힘들 때 어떻게 하는지 보면 어떤 사람인지 알 수 있어. 삶이 어려울 때 기도하는 사람이 있고, 술을 마시는 사람이 있고, 여행을 떠나는 사람이 있고, 산에 가거나 운동을 하는 사람이 있어. 심지어는 아무 것도 안 하고 잠만 자는 사람도 있다.

아들 아빠는 그럴 때 뭘 하세요?

아빠 책을 읽지. 책 속에서 힘을 얻고 지혜도 얻고 위안도 얻는다.

아들 아빠는 언제부터 책을 많이 읽었어요?

아빠 초등학교 때부터 책을 가까이 했다. 중학교 때 두보의 시에 나오는 '남아수독오거서(男兒須讀五車書)'라는 말을 배웠다. 그때 남자로 태어나서 정말 다섯 수레의 책을 읽어봐야겠다고 생각했어.

아들 그래서 다섯 수레의 책을 읽었어요?

아빠 열 수레는 읽은 것 같다.

나는 책읽기 좋은 환경에서 자랐다. 어릴 때부터 아버지의 서재에 들어가면 온 사방이 책이라 작은 중고서점에 온 느낌이 들었다. 그럼에도 불구하고 독서에 흥미를 붙이지 못했다. 억지로 책을 읽다가도 금세 집중력이 휘발돼 산만해지기 일쑤다. 요즘 나오는 재밌는 책들도 그런데 고전은 아예 읽을 엄두도 나지 않는다.

여행은 정말 좋아한다. 스무 살에 혼자 갔던 호주여행이 너무 인상 깊어서였을까, 돈과 시간만 있으면 항상 어딘가로 떠났다. 여행에서 뭔가 대단한 깨달음을 얻거나 고독을 씹으며 사색을 하지는 못 했지만 문득문득 떠오르는 여행지에서의 추억과 기억들이 나를 환기시켜준다.

아직 정을 붙이진 못 했지만 여행만큼 독서에도 흥미를 붙이려고 꾸준히 노력중이다. 억지로라도 꾸준히 책을 읽어나갈 생각이다. 책을 많이 읽어서 손해를 봤다는 사람은 아직 한 명도 보지 못했다.

PART 4

중용

좋은 것도 지나치면 모자람만 못하다.
지나치게 착한 것도, 모두에게 좋은 사람이 되는 것도,
도덕군자로 사는 것도, 끝까지 참는 것도 옳은 일이 아니다.
지나치게 이성적인 것도, 감성적인 것도 적절한 태도가 아니다.
양극단에서 어떻게 중용의 길을 갈 것인가?

과유불급
엄마의 말을 들을까요? 니체의 말을 들을까요?

아빠 콩나물을 키울 때 가장 중요한 것이 뭔지 아니?

아들 빛이 못 들어가게 천으로 덮는 거 아닐까요?

아빠 물론 그것도 중요하다. 더 중요한 건 물을 적당하게 주는 것
이지. 물을 너무 자주 주면 썩고, 너무 적게 주면 잔발이 많
아져 못 먹게 돼.

아들 과유불급이란 말처럼 아무리 좋은 것도 지나치면 부족한 것
만 못하죠. 똑소리 나는 사람을 어떻게 보세요?

아빠 똑소리 나는 것이 문제가 되는 건 아니지만 그렇게 보이는
것은 좋지 않아. 지나치게 순진하면 어리석어 보이고 지나
치게 약삭빠르면 사람이 멀어진다. 여우의 지혜와 양의 순
진함을 겸비한 것이 좋아.

아들 정(情)이 많은 사람은 어때요?

아빠 정이 많은 건 좋은 거다. 이 또한 지나치면 모자람만 못해.

'사랑보다 더 슬픈 건 정'이라는 노래가사도 있어. 옛날에 배운 '다정도 병인 양하여 잠 못 들어 하노라'라는 시구도 있지. 정도 너무 많으면 상처가 돼.

아들　사랑도 지나치면 안 되나요?

아빠　사랑도 마찬가지지. 사랑이 지나치면 소유를 낳고, 소유는 또 집착을 낳아. 뭐든 지나치면 오래 못 가. 지나치면 병이 돼.

아들　의처증, 의부증도 사랑이 지나쳐서 생긴 병인가요?

아빠　그건 사랑이 지나쳐서 그렇다기보다는 왜곡된 사랑, 병든 사랑이라고 봐야지. 일종의 정신병이야. 부부도 친구도 적당한 거리를 두고 살아야 오래 간다. 가까이서 자세히 보아야 좋을 때가 있고, 멀리서 보아야 좋을 때가 있어. 너무 뜨거워도, 너무 차가워도 안 돼. 따뜻한 게 좋아.

아들　말도 너무 많으면 안 좋죠?

아빠　그렇지. 말이 너무 많아도, 너무 적어도 안 좋아. 적당히 했을 때 멈추어야 돼. 마지막 한 방울의 물이 그릇을 넘치게 하고, 마지막 눈송이 하나가 솔가지를 부러뜨리지. 오래 가려면 마지막 한마디를 남겨두어야 한다. 특히 화가 났을 때 하는 말은 극도로 조심해야 돼.

아들　니체는 '위험하게 살라'고 했잖아요. 그런데 엄마는 안정된 직장을 구하라고 하잖아요. 누구의 말을 따라야 하나요?

아빠　너도 혼란스럽지? 엄마의 말도 맞고 니체의 말도 맞다. 니체가 '위험하게 살라'고 한 것은 수영도 못하는 사람이 깊은 물에 뛰어들라는 것이 아니라 물을 두려워한 나머지 수영을 배우기를 포기하지 말라는 뜻이야. 그리고 안정된 직장 안에서도 얼마든지 변화를 즐길 수 있고 진취적으로 살아갈 수 있어. 인생은 위험과 안정 사이를 끝없이 왔다갔다 하지. 그럴 때는 너의 마음을 따라가라.

이타주의
이기주의는 나쁜 건가요?

아들 이기주의로 사는 게 좋아요? 이타주의로 사는 게 좋아요?

아빠 둘 다 좋지 않아. 적당히 사는 것이 좋다.

아들 적당히 어떻게요?

아빠 적당한 이타주의자로 사는 것이지.

아들 그렇게 살면 적당히 손해 보면서 사는 거 아닌가요? 저는 적당히 이기주의로 사는 게 더 좋을 것 같은데요.

아빠 그렇게 살면 대부분의 사람들은 모르고 지나갈 수 있겠지만 눈치 빠른 사람들은 알아봐. 이기주의로 살아가는 사람은 결국 자신이 손해를 볼 수밖에 없어. 많은 사람들이 이기주의로 살아가면서도 상대가 이기주의라고 느끼면 마음의 문을 닫거든. 다른 사람들의 선의와 도움 그리고 관용까지 받을 수 있으려면 적당히 이타주의로 살아가는 것이 좋아.

아들 이기주의로 사는 게 나쁜가요? 요즘은 그런 사람을 욕하기 보단 욕구에 솔직하고 자기 밥그릇도 챙길 만큼 현명하다고 생각하는 분위기가 있어요.

아빠 물론 그렇게 사는 게 맞아. 성동격서(聲東擊西)란 말 알지?

아들 네, 동쪽에서 소리를 내고 서쪽에서 적을 친다는 뜻이죠.

아빠 이기주의로 살아가고 싶지만 상대에게 그렇게 비치면 결국 사람이 떠나지. 그러니 적당한 이타주의가 좋다는 거야.

아들 완전한 이기주의와 이타주의는 어떻게 생각하세요?

아빠 뭐든 양극단은 피하는 게 좋아. 완전한 이타주의는 과도한 자기희생이 따르고, 완전한 이기주의는 주위에서 따돌림을 받게 돼. 아무도 그런 사람과 관계를 맺으려 하지 않겠지. 마더 테레사 수녀나 이태석 신부 같이 종교적인 신념을 가진 사람들이 대표적인 완전한 이타주의야. 그건 아무나 할 수 있는 게 아니다. 2001년 일본 지하철역에서 철로에 떨어진 취객을 구하기 위해 뛰어들어 26살의 꽃다운 나이에 목숨을 잃은 이수현 군을 기억하지?

아들 네, 기억나요. 다른 사람의 목숨을 구하는 것은 좋지만 너무 안타까워요. 어떻게 그런 상황에서 뛰어들 수가 있었을까요?

아빠 그는 평소 남을 돕는 정신이 투철한 사람이었어. 일기에는 '나는 나보다 못한 사람을 도울 것이다. 위험에 처한 사람을 도울 것이다. 그것이 대한민국의 건강한 젊은이가 할 수 있는 가장 아름다운 일일 것이다.' 라는 구절이 있었다는구나. 나는 부모의 입장에서 그의 부모가 자식을 좀 더 이기주의로 키우지 못한 것을 후회하지 않았을까 생각해.

아들 그도 그 상황이 상당히 위험하다는 것을 알았겠지만 자신이 죽을 수도 있다는 생각은 하지 않았겠지요?

아빠 7초의 시간이 있었는데 그 시간이면 빠져나올 수도 있었어. 그게 너무 아쉬운 거지. 만약 어느 사람이 물에 빠져 허우적 거리는데 네가 수영을 못한다면 어떡할래?

아들 전혀 못하면 뛰어들 수 없지만 저는 조금 할 수 있기 때문에 위험을 감수하더라도 목숨을 살리겠어요.

아빠 조금 하는 게 가장 위험한 거야. 혼자 수영하는 것과 다른 사람을 구하는 것은 달라.

아들 내일부터 수영장에 가서 수영을 더 배울게요.

아빠 수영을 배우는 것도 좋지만 나를 먼저 지킨 후 상대를 구하는 것이 순서라는 것을 확실히 알아야 해. 부처가 말한 '천상 천하 유아독존' 알지?

아들 네, 잘 알아요.

아빠 예전에는 그 말을 한 부처가 이해가 안 됐어. 아무리 부처지만 너무 오만한 것 아닌가 생각했지. 그런데 시간이 지나면 서 자신이 얼마나 소중한 존재였으면 그런 말을 했을까 하고 이해가 되더라.

이 세상에서 제일 중요한 사람이 누구냐?

아들 나 자신이죠.

아빠 그렇지. 바로 자신이다. 나라는 존재가 우주의 존재와 맞먹는다. 내가 없으면 우주가 의미가 없어.

인생
빛나되 눈부시지 않게 살아라

아들 이상적인 인간은 어떤 걸까요?

아빠 도덕적이면서 도덕주의적이지 않은 사람이 되는 게 중요해.

아들 좀 어렵네요. 술은 마셨지만 음주운전은 아니라고 하는 것
     과 비슷해요.

아빠 권위는 있는데 권위적이지 않은 사람, 재미는 있는데 가볍
     지 않은 사람 같이 서로 모순되는 것 같은데 조화를 이루는
     사람이지. 도덕경에 그런 모순되는 듯한 말이 나와.

아들 어떤 것요?

아빠 '광이불요(光而不耀)'란 말 들어봤니?

아들 광케이블은 들어봤는데 광이불은 처음 들어요.

아빠 광이불이 아니라 광이불요. 이 말은 빛나되 눈부시지 않다
     는 말이지. 내 이야기를 해주마.
     초등학교 6학년 때 전교어린이 회장에 출마했다. 그때는 4
     학년 이상 전교생이 직접투표로 뽑았어. 그때 나는 나에게
     표를 주지 않았어. 그런 사람은 이 세상에서 나밖에 없었을
     거야.

아들 왜 그러셨어요?

아빠 왜 그랬는지 아직도 모르겠는데 내가 나를 찍는다는 게 너

무 이기적으로 보였던 것 같아.

아들 자기에게 표를 주는 건 너무 당연한 거잖아요. 왜 그렇게 생각하셨어요? 아빠 혹시 회장하기 싫었던 건 아니에요?

아빠 그런 건 아니야. 만약 하기 싫었다면 처음부터 안 나갔겠지. 앞에서 말한 빛나되 눈부시지 않으려고 하는 무의식의 발로였던 것 같아.

아들 그때는 노자를 모를 때 아닌가요?

아빠 자세히는 몰랐지만 초등학교 때 동양고전을 많이 읽었지. 지금도 가지고 있는 초등학교 6학년 일기장에 보면 태공망을 인용하면서 '선을 보면 목마른 듯하고, 악을 보면 귀먹은 듯하라'는 말이 적혀 있어. 지금 생각해도 내가 그런 말을 어떻게 알았을까 싶어.

아들 우와! 저는 지금도 태공망을 모르는데 초등학생이 어떻게 태공망을 알았어요?

아빠 태공망이 강태공이야. 성이 강씨야.

아들 강태공은 알아요. 낚시를 좋아하던 사람 맞죠?

아빠 그는 병서 〈육도〉를 지은 뛰어난 병법가였지만 한평생 은둔하면서 지냈어.

아들 그 시대에는 세상이 혼란해서 너무 뛰어나면 죽임을 당할 수도 있는 시대여서 그런 말이 나온 것 같은데 요즘 시대에는 자신의 재능을 세상에 다 드러내야 되지 않나요?

아빠 사람의 근본이 달라지지는 않았어. 사람들은 자신보다 너무 뛰어난 사람을 보면 시기와 질투를 하게 마련이다. 그러니

재능이 있다고 다 드러내는 것이 좋은 건 아니다.

아들 그러면 어떻게 해야 되나요?

아빠 뛰어나지만 겉으로는 약간 어수룩하게 보이는 것이 좋다.

아들 그러다 정말 어수룩한 사람으로 보면 어떡해요?

아빠 낭중지추(囊中之錐)란 말을 알지?

아들 주머니 속의 송곳이란 뜻 아니에요?

아빠 산삼이 깊은 산에 있어도 심마니들은 알아보듯이 세상에는 눈 밝은 사람이 의외로 많다.

선악
모르고 하는 게 덜 나쁜 거 아닌가요?

아들 선과 악의 기준은 무엇인가요?

아빠 종교적으로는 선과 악의 기준이 있지만 절대적인 기준은 없어. 니체 이후 선과 악의 기준이 없어졌지.

아들 니체가 '신은 죽었다'고 말했기 때문인가요?

아빠 그렇지. 신이 없는데 누가 악을 심판하겠어? 기준도 애매해. 만약 다른 사람한테는 악하지만 나한테 선한 사람과, 다른 사람에게는 선하지만 나한테 악한 사람이 있다면 어떤 사람을 좋아할까?

아들 전자죠. 제게 선한 사람요.

아빠 그렇지? 그것만 봐도 선악에는 절대적인 기준이 없다는 거야. 옛날에 어느 젊은 판사가 사표를 냈어.

아들 왜요?

아빠 선과 악을 판단하는 것이 너무 어렵다는 거였어.

아들 선악을 구분하는 건 정말 어려워요. 학교에서 맹자는 성선설, 순자는 성악설을 주장했다고 배웠지만 결론은 없었어요.

아빠 결론이 없다는 게 정답이야. 맹자도 순자도 인간을 너무 한 면만 보고 인간이 선과 악을 다 가지고 있다고 보지 못한 것이지.

아들 그러면 모든 악은 선으로 포장되고 모든 선은 악의 씨앗을 품고 있다고 보면 되겠네요.

아빠 빙고! 바로 그거다. 소크라테스는 악은 그 자체만으로는 아무것도 못하고 악이 작동하려면 선에 기생해야 한다고 말했어.

아들 처음부터 나쁜 사람으로 비치면 아무도 믿지 않겠죠.

아빠 나쁘다는 것을 알고 하는 것과 모르고 하는 것 중 어느 것이 더 나쁠까?

아들 알고 하는 거 아닌가요?

아빠 왜 그렇게 생각해?

아들 모르고 하는 사람은 알고 나면 안 하겠지만 알고도 하는 사람은 방법이 없을 것 같아요.

아빠 내 생각은 달라. 알고 하는 사람은 그것이 나쁜 줄 알기 때문에 양심의 가책을 느끼고 언젠가는 그만둘 수 있지만, 모르고 하는 사람은 자신이 무엇을 하는지조차 모르기 때문에 계속할 것이다.

아들 양심의 가책을 느끼면서도 나쁜 짓을 하는 게 더 나쁜 것 아닌가요?

아빠 양심의 가책을 느끼는 사람은 언젠가 그만둘 수 있어. 정말 나쁜 것은 나쁜 짓을 하면서도 양심의 가책을 느끼지 못하는 것이다. 유대인 학살의 주범인 아이히만 알지?

아들 네, 나치스의 친위대 장교잖아요.

아빠 아돌프 아이히만은 유럽 전역에 흩어져 있는 유대인들을 포로수용소로 데려오는 수송책임자였어. 수백만 유대인을 죽인 장본인이 정작 자신이 무엇을 잘못했는지 몰랐다는 게 더 무섭더구나. 독일이 패망하자 아르헨티나로 도피해 15년 동안 숨어살다가 1960년 체포되었을 당시 사람들은 그가 포악한 성정을 가진 악인일 것이라고 추측했어. 그러나 반대로 지극히 평범하고 가정적인 사람이라는 것에 충격을 받았어. 그를 검진한 정신과 의사들도 그가 매우 정상이어서 오히려 자신들이 이상해진 것 같다고 말했지. 그는 자신에게 주어진 업무에 충실했을 뿐 양심의 가책도 없었어. 심지어 법정에서는 "월급을 받으면서도 주어진 일을 열심히 하지 않았다면 양심의 가책을 받았을 것이다"라고 말했다.

아들 정말 그런 집단에서 일하면 그런 식으로 사람이 변하나 봐요.

아빠 그의 재판을 지켜본 철학자 한나 아렌트는 "그가 유죄인 명백한 이유는 아무 생각이 없었기 때문이다"라고 말했어.

아들 개인은 양심이 있지만 집단은 양심이 없다는 말이 맞는 말이네요.

화
항상 맑은 날씨가 좋은 것만은 아니다

아들 아빠는 화를 잘 안 내죠?

아빠 나는 어렸을 때부터 감정을 표현하는 것을 자제하면서 살아왔다. 그래서 평소에는 화를 잘 안 내다가 가끔 엉뚱한 곳에서 욱~ 하는 성질이 있어.

아들 그걸 불뚝 성질이라고 하죠.

아빠 일명 오바마 성질이라고도 해.

아들 왜요?

아빠 버락(버럭) 오바마니까.

아들 하하하! 너무 재밌네요.

아빠 평소 감정이 상하면 적절한 방법으로 해소하는 게 좋은데 속으로 삭이려고 하니 나만 힘들고, 그게 불씨가 되어 어떤 계기로 터지면 상대는 물론 주변 사람들을 놀라게 하지.

아들 평소와 다른 모습을 보면 상대도 많이 놀라겠어요.

아빠 지금은 많이 좋아졌지만 항상 조심하고 있어. 무조건 참는 게 좋은 것이 아니라 참을 수 없는 상황에서는 적절한 방법으로 터뜨려야 하는데 좋은 사람으로 보이기 위해 억지로 참는 거지.

아들 좋은 사람이라는 말을 들어야 하나요?

아빠 꼭 그런 건 아니야. 모든 사람에게 그런 소리를 들을 수는 없어. 말(馬)이 온순하면 아무 사람이나 올라타고 사람이 너무 착하면 남들이 쉽게 대하기 마련이야.

아들 그러면 어떻게 하는 게 좋을까요?

아빠 착한 사람이 일부러 거칠게 살 수는 없지. 하지만 지나치면 단호하게 대처하는 용기가 있어야 해.

아들 '외유내강으로 살라' 그런 말씀이시죠?

아빠 그것과는 조금 달라. 항상 맑은 날씨는 좋은 게 아니다. 비온 뒤 맑게 갠 날씨가 좋은 날씨지. 항상 좋은 사람은 좋은 사람이 아니다. 가끔은 싫은 것도 말하는 사람이 좋은 사람이야. 그냥 참아 넘긴다는 것은 좋은 대응이 아니지. 자신을 지키면서 좋은 사람이 되는 것이 정말 좋은 것이다.

아들 화가 날 때는 어떻게 다스려야 하나요?

아빠 중요한 것은 적절한 방법으로 해야 한다는 거야.

아들 적절하게 한다는 것이 더 어려워요.

아빠 화를 내는 것은 상대 때문일까, 아니면 자신 때문일까?

아들 자신 때문이요.

아빠 화를 내는 건 상대방과 내 생각이 다르기 때문이지.

아들 어떤 책을 보는데 눈에 확 들어오는 문장이 있었어요.

아빠 뭔데?

아들 "화를 내는 것은 상황이 아니라 상황을 바라보는 관점 때문이다" 라는 말이에요.

아빠 같은 상황에서도 화를 내는 사람이 있고, 그렇지 않은 사람이 있어.

아들 그런데 화를 내는 게 꼭 나쁜 건가요?

아빠 화를 내는 것이 나쁜 건 아니다. 잘못된 방법으로 화를 내는 것이 나쁜 거야.

아들 화가 많이 나면 컨트롤이 잘 안 될 수도 있잖아요. 그렇게 되지 않으려면 어떻게 해야 할까요?

아빠 화는 억지로 참으면 병이 되고 잘못 터뜨리면 독이 된다. 중요한 건 내가 화가 난다는 것을 알아차리는 거야. 알아차리는 것만으로도 더 큰 화를 막을 수가 있어. 흔히 하는 말로

뚜껑이 열릴 정도까지 가서는 안 돼.

아들 화를 내고 나면 속이 후련해질 것 같았는데 막상 그렇게 해보니 후련하지 않더라고요.

아빠 그렇지? 나도 그런 경험이 많았다. 자칫 잘못하다 보면 뒷수습이 더 힘든 경우도 있어. 흰콩 한 말과 검은콩 한 말을 섞는 것은 한순간이지만 다시 원래대로 하려면 반나절이나 걸리는 것처럼.

균형
아폴론과 디오니소스 둘 다 갖추어라

아빠 "햇빛에 바래면 역사가 되고, 달빛에 물들면 신화가 된다"는 말이 있어.

아들 캬! 멋진 말이네요. 어디에 나오는 말이에요?

아빠 이병주의 소설에 나오는 대목이야. 삶에는 햇빛도 필요하고 달빛도 필요해. 사람도 이성과 감성을 두루 갖춘 사람이 되어야 돼. 신화에 나오는 아폴론과 디오니소스 두 개를 다 갖추어야 해.

아들 좀 더 자세히 설명해주세요.

아빠 아폴론과 디오니소스는 대조적인 신이야. 태양의 신 아폴론이 이성이 지배하는 세계로 균형, 절제, 조화, 평온이라면, 술의 신 디오니소스는 광기가 지배하는 세계로 도취, 광란, 환상, 열광이라고 보면 돼.

아들 아빠는 어느 신을 더 닮았다고 생각하세요?

아빠 나는 음주가무를 좋아하지만 아폴론에 가까워.

아들 낮술을 즐기시나 봐요.

아빠 술을 밤에만 마신다는 것도 고정관념이야. 나는 양쪽을 왔다갔다 하다 보니 어느 쪽인지 모르겠어. 술과 음악이 있으면 디오니소스, 없으면 아폴론이 맞는 것 같아.

아들 아빠는 술 없이도 잘 노시잖아요.

아빠 항상 그런 건 아니고 가끔 필 받으면 그렇게 되지. 세계는 질서와 변화 속에서 발전하는데 질서가 아폴론이라면 변화는 디오니소스야. 차가운 이성과 뜨거운 심장을 가진 사람이 바람직한 사람이라고 할 수 있다.

우리나라 역사상 가장 위대한 왕은 누굴까?

아들 세종대왕이죠.

아빠 세종은 아폴론일까, 디오니소스일까?

아들 아폴론이요.

아빠 왜 그렇게 생각해?

아들 훈민정음을 만들었잖아요. 한 나라의 언어를 만드는 것은 감성이 아니라 이성이라고 생각해요.

아빠 세종은 아폴론과 디오니소스 둘 다를 갖춘 사람이야.

아늘 세종대왕은 디오니소스와 거리가 먼 것 같아요.

아빠 이성(理性)만으로는 훈민정음을 만들 수 없어. 디오니소스에서 나오는 백성을 사랑하는 마음과 열정이 이성과 합쳐지면서 그런 위대한 업적을 이룰 수 있었지. 세종대왕의 자녀가 몇 명인 줄 아니?

아들 굉장히 많다던데… 18명 아니에요?

아빠 자녀가 무려 22명이야. 그리고 부인은 6명이지.

아들 낮에는 아폴론, 밤에는 디오니소스! 아주 이상적인 군주네요.

아빠 우리도 삶을 균형 있게 살기 위해서는 이 둘을 다 갖추어야 해. 너무 이성이 꼿꼿하면 일은 빈틈없이 하겠지만 재미가 없고, 너무 열정만 있는 사람은 인간적인 면은 있지만 큰일을 할 수가 없어.

아들 아빠가 알고 있는 사람 중에서 이 둘을 다 갖춘 사람은 누구예요?

아빠 니체다. 니체는 춤출 줄 아는 신만 믿겠다고 했어.

아들 저도 아빠가 그렇게 말씀하실 줄 알았어요.

도덕
원수를 어떻게 사랑하나요?

아들 도덕이란 것을 꼭 지켜야 하나요?

아빠 법도 다 못 지키는데 도덕을 어떻게 다 지켜?

나도 어렸을 때는 도덕군자처럼 살려고 했어.

아들 지금은요?

아빠 물론 지키려고 노력하지. 나름대로의 원칙은 있어.

아들 그 원칙은 꼭 지키나요?

아빠 지키려고 노력은 하지만 못 지킬 때도 있지.

아들 지키지 못할 원칙이 의미가 있나요?

아빠 원칙은 지키기 위해 있지만 때로는 지키는 것이 선이 아닐 때도 있어.

아들 예를 들면요?

아빠 새벽에 운전을 하는데 신호등에 빨간불이 켜져 있어. 그럴 때 너는 어떻게 하겠니?

아들 급하지 않으면 신호를 지키겠어요. 아빠는요?

아빠 나는 지나가는 차나 사람이 없고 카메라도 없다면 그냥 지나가겠어.

아들 아빠가 아들에게 그런 것을 가르치면 어떡합니까?

아빠 반칙을 가르치는 것이 아니라 요령을 가르치는 것이다. 법이 인간이 지켜야 할 최소한의 것이라면 도덕은 최대한의 것이다. 인간은 법과 도덕 사이에서 자신의 양심에 따라 행동하는 거야. 세상의 모든 관계는 상대적이지. 착한 사람에게는 착하게, 악한 사람에게는 악하게 하는 게 옳다.

아들 성경에 "네 원수를 사랑하라"는 말이 있잖아요. 원수를 어떻게 사랑하나요?

아빠 그 또한 지키기 어려운 일이지. 종교에서는 그렇게 말할 수 있어도 부모는 그렇게 말할 수 없어. 그 말은 악을 악으로 갚는 악순환이 되는 걸 막기 위한 것이 아닐까 생각해.

아들 아빠는 원수를 사랑할 수 있나요?

아빠 원수를 사랑할 수 없지. 나는 예수가 아니다. 사랑할 것 같으면 처음부터 원수가 안 됐겠지. 그러나 원수를 미워하지 않을 수는 있어.

아들 미워하지 않으려면 용서를 해야 되잖아요.

아빠 용서를 떠나 더 이상 과거의 어두운 감정에 갇혀 있지 않겠다는 거야. 원수를 사랑하지 않아도, 굳이 용서하지 않아도 돼. 성경을 문자 그대로 받아들이면 죄의식에서 벗어나기 힘들어. 세상은 흑과 백만 있는 것이 아니라 수많은 회색으로 되어 있다. 그 사이의 적당한 회색으로 그때그때를 사는 것이지 반드시 순백으로 살아야 할 필요는 없다고 생각해.

난 뭐든지 적당한 걸 좋아한다. 인생도 적당하게 살고 싶다.
적당한 직장에서 적당한 월급 받으며 적당한 집에서 적당하게
늙어가고 싶다. 성격도 마찬가지다. '무던하다'라는 말을 많이 들
어왔고, 그것이 내 장점이라고 생각했다. 사랑도, 공부도 적당히
하며 살아왔는데, 나이가 들면서 알게 되었다. 그건 중용이 아니
라 애매하고 어중간한 것이었다.

'적당'이라는 말, 즉 중용은 미지근한 상태가 아니라 뜨거울 때
뜨겁고, 차가울 때 차가워서 전체적으로 따뜻한 것이 아닐까 생
각한다.

나는 아직 무엇인가를 극단적으로 뜨겁게, 혹은 극단적으로 차
갑게 해보지 않았다. 양극단을 오가지 않은 사람이 중용의 길을
가는 것은 어렵다.

아직 젊음의 피가 식기 전에 사랑을 할 때는 불같이 뜨겁게 하고,
이별을 할 때는 얼음처럼 차갑게 하고 싶다.

삶도 그렇게 살고 싶다.

PART 5

결혼

아 빠 의
말

사랑의 시작은 누구나 할 수 있지만 유지하는 데는 기술이 필요
하다.
사랑은 언제든지 변할 수 있고 그렇기에 아름다운 것이다.
결혼은 일생의 중대한 선택이지만 운명적인 요소가 있다.
나는 어떤 사람을 만나 어떻게 인연을 만들어야 하는가.
완벽한 상대는 없다.
나와 마음의 성숙도가 비슷하면 좋은 사람이다.

결혼은 서로의 차이를 극복하는 긴 여행이다.
어떻게 서로에게 길들여지고 차이를 극복할 것인가?

사랑
변하는 게 나쁜 것일까?

아빠   요즘 사귀는 사람 없니?

아들   요즘은 없어요.

아빠   인연도 다 때가 있는 법이지. 억지로 안 되는 게 사랑이야.

아들   여자의 마음을 알다가도 모르겠어요.

아빠   아빠는 지금도 잘 모른다. 열 번 잘하다가 한 번 못하면 돌아서는 게 여자 마음이더라.

아들   열 번 못하다가 한 번 잘하면 돌아오는 게 또 여자예요.

아빠   여자 마음 잘 모른다더니 잘 아는군.

아들   피와 땀, 눈물로 배웠어요.

아빠   사랑은 변할까?

아들   변한다고 생각해요.

아빠   변하는 것이 나쁜 것일까?

아들   꼭 나쁘다고 볼 수는 없죠.

아빠 그렇지. 사랑은 변하지. 변하지 않으면 사랑이 아니지. 꽃은 시들기 때문에 아름다운 거야. 시들지 않는 꽃은 조화밖에 없어. 백일홍이 왜 오래 가는지 아니?

아들 원래 오래 가는 꽃 아닌가요?

아빠 꽃이 백일 동안 가는 게 아니라 계속 피고지면서 전체가 백일을 가는 거야.

아들 아, 그렇군요!

아빠는 엄마와 지금까지 어떻게 살았어요?

아빠 사랑으로 살아온 것이 아니다.

아들 네에? 그럼 뭐로 살았어요?

아빠 반은 눈물, 반은 술로 살아왔다.

아들 저도 농담반 진담반으로 듣겠어요.

아빠 변하지 않는 사랑은 없어. 변하는 것이 나쁜 게 아니듯이, 변하지 않는 게 좋은 것도 아니다. 중요한 건 고정된 모습이 아니라 새로운 모습으로 변하는 것이다. 아무리 좋은 것도 고정된 것은 타성에 젖기 마련이거든. 중요한 것은 사랑이 지속되는 거야.

아들 사랑은 아무나 하는 게 아닌 것 같아요. 아빠는 어떻게 한 사람이랑 몇십 년을 살 수가 있어요?

제가 사촌동생이랑 호주 워킹홀리데이를 떠나서 같은 방에서 살면서 느낀 건데요. '아, 아무리 친하다고 해도 같은 공간을 공유하는 것은 다른 차원의 문제구나!' 하는 걸 알게 되었어요. 별 것 아닌 사소한 것 하나하나 눈에 밟히고, 끊임

없이 잔소리를 하고 있더라구요. 나중에는 화장실에서 용변 후 화장지를 너무 많이 쓴다고 잔소리 한 적도 있어요. 넉달 남짓한 기간 동안 가족이었는데도 그렇게 스트레스를 많이 받았는데, 평생을 따로 살던 남이랑 또 다른 평생을 함께 살아야 한다니 벌써부터 소파에서 자고 있을 제 모습이 그려지네요.

아빠 미리 걱정할 필요 없어. 부부는 서로에게 길들여지는 거야.

아들 길들여지지 않으면 어떻게 되나요?

아빠 항상 삐걱거리겠지. 모난 돌이 조약돌이 되듯이 부부도 그렇게 돼야 행복해.

아들 아빠의 첫사랑은 누구예요?

아빠 나도 첫사랑이 있긴 있는 것 같은데 누구인지 분명하지 않을 때가 있어. 과연 나에게 첫사랑이 있기는 있었나, 그 사람을 사랑하긴 했었나 하는 생각이 들 때가 있다. 마치 없는 산타를 만들어내듯이 애초부터 없었거나 사랑하지도 않은 사람을 첫사랑으로 생각한 건 아닌지 모르겠어.

아들 첫사랑이 정말 아름다운 건가요?

아빠 이루어지지 않았으니 아름답게 생각되겠지. 잊기에는 너무 아름답고 맺어지기에는 너무 어설픈 사랑, 그것이 첫사랑이다.

아들 느낌이 확 오네요. 첫사랑을 만날 수 있다면 만날 거예요?

아빠 아니.

아들 왜요? 엄마 때문에요?

아빠 　아니. 부부라도 상대의 추억까지 소유하려고 해서는 안 돼. 내가 만나지 않는 이유는 만나는 순간 아름다운 추억 하나 가 시들어버리기 때문이야. 추억은 가슴 속에 있을 때 아름 답지만 일단 밖으로 나오는 순간 빛이 바래지. 초등학교 같 은 반에 예쁘고 공부 잘하는 여학생이 있었는데….

아들 　지금 엄마 이야기 아니죠?

아빠 　엄마는 그때 예쁘지도 않았고, 시골에서 전학 와서 공부도 잘하지 못했어.

아들 　저도 그냥 해봤어요. 계속하세요.

아빠 　졸업 후에 한 번도 만나지 못했어.

아들 　동기회에도 안 나왔어요?

아빠 　응, 안 나왔어. 10년 전 총동문회에서 한 번 만나 30분 정도 대화를 했는데 문득 피천득이 생각났어.

아들 　왜요?

아빠 　이야기해보니 서로 기억하는 공감대가 없었어. 오랜 세월 속에 기억조차 흐려진 것 같았어. 피천득은 《인연》에서 아 사꼬와의 마지막 만남은 아니 만나는 것보다 못했다고 했 지. 나도 그 만남을 후회했어. 전에는 가끔 생각나곤 했는데 그때 만남 이후로 이상할 정도로 생각이 안 나더라.

아들 　아빠는 엄마한테 어떻게 프러포즈를 했어요?

아빠 　그때는 이 정도의 수준이 못 되었어. 그런데 한마디만 했는 데 넘어오더라.

아들 　어떤 말인데요?

아빠 "내가 여자라면 나 같은 남자하고 결혼하겠다"고 했어.

아들 엄마의 반응은 어땠어요?

아빠 그래서 결혼했지. 나중에 네 엄마가 말하더라. '얼마나 자신
      이 있었으면 그런 말을 했을까' 라고 생각했다는 거야.

아들 아빠는 정말 그때 그 정도로 자신이 있었어요?

아빠 어느 정도는 자신이 있었지만 좀 뻥을 친 것도 있었다고 봐
      야지. 그 상황에서 머리를 긁으면서 말할 수는 없지.

아들 하긴 그렇네요. 만약 아빠가 지금 미혼이라면 어떤 프러포
      즈를 하겠어요?

아빠 내가 미혼이라면 결혼하지 않고 살겠다.

아들 정말요? 그럼 저도 혼자 살까요?

아빠 그건 너의 선택이지만 인연이 되면 결혼하는 것이 좋겠지.

아들 제가 앞으로 써먹을 수 있는 멋진 프러포즈 하나 가르쳐주
      세요.

아빠 평생 잊을 수 없는 멋진 것으로 하나 가르쳐줄게. 잘 들어
      봐. 이런 프러포즈를 받고 안 넘어올 사람 없겠지.
      〈나는 내가 나라서 좋다.
      나는 네가 너라서 좋다.
      나는 나로 살아야 행복하고 너는 너로 살아야 행복하다.
      나와 네가 같이 살면 두 배로 행복하겠다.
      그러니 우리 같이 살자.〉
      어때 괜찮지?

아들 우와! 멋져요. 이런 프러포즈에 안 넘어올 여자가 없겠어요.

저도 기회가 되면 이 프러포즈를 꼭 써먹을게요.

아빠 그래, 빨리 그런 기회가 오길 바란다.

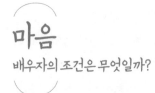

마음
배우자의 조건은 무엇일까?

아들 저는 어떤 사람과 만나게 될까요? 좋은 인연을 만나려면 어떻게 해야 할까요?

아빠 일이 반드시 노력에 비례하는 건 아니야. 특히 결혼이 그렇지. 결혼에는 운명적인 요소가 있어.

아들 아빠를 보더라도 그런 것 같아요.

아빠 네 엄마가 초등학교 6학년 때 우리 반에 전학 왔을 때 운명의 끈이 서로를 묶고 있었는지도 모르지.

아들 그때는 이렇게 운명의 끈으로 묶일 줄 몰랐죠?

아빠 알았다면 재미없었겠지. 세월이 많이 흐른 뒤 우리는 맞선으로 다시 만났다.

아들 처음 봤을 때 알았어요?

아빠 처음에는 서로 몰랐어. 서로에 대한 첫 이미지도 좋지 않았어. 그냥 끝날 수도 있었는데 운명의 여신이 네 엄마에게 손짓을 했어.

아들   어떻게요?

아빠   엄마가 집으로 돌아가서 아빠의 이름을 기억하고 전교어린이 회장을 했다는 것을 연상했어. 두 번째 만난 건 결혼을 떠나 동기로서 만난 거야.

아들   아빠가 그때 일을 후회하시는 건 아니죠?

아빠   처음엔 후회할 때도 있었지만 지금은 다행이라 생각해.

아들   운명의 여신이 엄마가 아니라 아빠에게 손짓을 한 것 같아요.

아빠   너는 배우자의 조건을 무엇이라고 생각하니?

아들   먼저 끌리는 데가 있어야겠죠.

아빠   외모를 먼저 본다는 말이지?

아들   딱 외모라고 말하긴 힘들지만 전체적으로 끌리는 매력이 있어야 되겠지요.

아빠   외모, 학력, 재산, 환경 이런 것들도 중요하지만 가장 중요한 것은 마음의 성숙도가 비슷한 사람을 만나야 한다.

아들   마음의 성숙도란 생각의 수준과 비슷한 말인가요?

아빠   바꿔 말하면 그렇지. 가끔 학력도 높고 잘 나가는 사람이 세인들이 보기에 걸맞지 않은 짝과 결혼하는 것을 볼 수 있는데….

아들   그런 걸 눈에 콩깍지가 씌었다고 하잖아요.

아빠   그런 식으로 표현하지만 사실은 눈에 콩깍지가 썬 게 아니고 그 사람의 마음의 성숙도가 그것밖에 안 되기 때문에 그런 선택을 한 거라고 본다.

아들   공부하는 것과 마음의 성숙도가 비례하는 것은 아니잖아요.

아빠 꼭 그런 건 아니야. 마음의 크기, 지혜, 이런 것들과 비례해. 쇼펜하우어의 《의지와 표상으로서의 세계》를 읽어 봤니?

아들 음…, 예.

아빠 안 읽어봤구나. "세계는 나의 표상이다." 라는 문장으로 시작하는데 매우 어려운 책이야.

아들 표상이 뭐예요?

아빠 그 말이 좀 어렵지? 표상이란 어떤 물체나 대상에 대해 갖는 심상(心象), 즉 이미지를 말해. 영어로는 'representation' 인데 반영된 모습이라는 뜻이지.

아들 영어로 하니 오히려 쉽네요.

아빠 바다가 하늘색에 따라 빛깔이 다르듯이 세상은 그것을 보는 사람의 관점에 따라 다르다. 세상은 고정된 모습이 아니라 우리들이 보는 눈에 따라 달라지는 거야.

아들 '생각이 팔자(八字)'라는 말이 그래서 나왔군요.

아빠 그렇지. 그 사람의 생각이 그의 마음의 성숙도이고 그것이 그 사람의 팔자지. 장미를 보면서 꽃을 보는 사람이 있고 가시를 보는 사람이 있어. 너는 장미를 보면 뭐부터 보니?

아들 음, 저는 꽃을 먼저 보지만 그 다음에는 잎도 보고, 가시도 봐요.

아빠 긍정적이구나. 꽃을 보는 사람은 '저렇게 예쁜 꽃에 가시가 있다니' 라고 생각할 것이고, 가시를 보는 사람은 '저렇게 가시가 많은데 예쁜 꽃이 있다니' 라고 생각하겠지. 꽃을 보면 장미원이 되고 가시를 보면 가시덤불이 된다.

상상
사랑이 상상력과 관계가 있나요?

아빠   행복은 이성이 아니라 감성이며 상상력인 것 같아. 나이가 들수록 사는 게 재미없는 것은 재미있는 상상을 하지 않기 때문이지.

아들   사랑이 상상력과 관계가 있나요?

아빠   그렇지. 상상력이 풍부해야 사랑을 잘할 수 있어. 네가 얼마나 상상력이 풍부한지 한번 보자. 책장을 넘기면서 종이에서 구름이 보이고, 모닥불을 피우면서 햇볕이 보이면 상상력이 풍부한 사람이야.

아들   종이에서 어떻게 구름이 보여요?

아빠   안 보이는 것이 당연하지. 상상력은 안 보이는 것을 보는 능력이야. 눈에 보이지 않는 것을 보는 힘의 크기가 행복의 크기다.

아들   모닥불에서 햇볕은 보이는데 종이에서 어떻게 구름이 보이는지 알려주세요.

아빠   모닥불에서 햇볕이 어떻게 보이냐?

아들   모닥불에서 태양은 연상이 되죠. 모닥불의 열은 나무속에 있던 태양에너지가 타면서 열을 내는 거잖아요. 그런데 종이에서 구름은 연상이 안 돼요.

아빠 그 정도만 보여도 대단한 상상력이다. 책은 종이로 만들고, 종이는 나무로 만들지. 나무가 자라기 위해서는 비가 와야 되는데 비가 오려면 구름이 있어야 돼. 그러니까 종이를 보고 구름을 상상한다고 하는 것이지.

아들 그러다가 우주까지 보겠어요.

아빠 안도현 시인은 "사랑하는 사람과의 첫 입맞춤이 뜨겁고 달콤한 것은 그 이전의 두 사람의 입술과 입술이 맞닿기 직전까지의 상상력 때문이다" 라는 말을 했어.

아들 역시 시인은 보통 사람이 보지 못하는 것을 보는 통찰력이 있네요.

아빠 만약 연인들이 유리를 사이에 두고 입을 맞춘다면 느낌이 어떨까?

아들 느낌이 없을 것 같아요.

아빠 상상력이 있으면 차가운 유리를 사이에 두고도 짜릿함을 느낄 수 있어.
사랑은 상상이자 착각일지도 몰라.

아들 착각에서 깨어나면 사랑이 식을 수도 있겠네요.

아빠 오스카 와일드가 말한 것처럼 우리가 사랑이라 여기는 대부분은 어쩌면 자기 세뇌이고 합리화인지도 모른다. 그렇지 않으면 잘 난 사람이 못 난 사람과 사랑에 빠질 리가 없지.

아들 아빠는 엄마에 대해 어떤 상상을 했어요?

아빠 눈에 계란을 굴리는 것을 상상했어.

아들 그게 무슨 말씀이세요?

아빠 이유는 없어. 엄마가 다른 사람과 결혼하면 그렇게 될 수도 있을 거라는 생각이 들었어.

아들 엄마가 왜요? 엄마가 아니라 상대가 굴리고 있지 않을까요?

아빠 엄마가 못된 사람하고 결혼하면 그렇게 될 수도 있지.

아들 엄마에게 다 이야기할까요?

아빠 엄마한테도 그런 이야기를 한 번 한 적이 있어.

아들 상상은 얼마 안 가서 깨지지 않나요?

아빠 대개 일 년 반 정도 지나면 깨지지. 그것을 사랑의 유효기간 이라고 해. 깨지지 않고 오래 착각할 수 있다면 그것도 복이 다. 너는 결혼생활이 힘들 때마다 상상력을 발휘하며 살아 라.

아들 어떻게요?

아빠 '이 여자는 내 여자가 아니다'라든가 '이 여자는 천사다'라고 상상해. 그러면 그렇게 보일 거야.

아들 결혼생활이 군대생활보다 더 힘들겠어요.

아빠 신혼 때 네 이모에게 '군대 한 번 더 가고 싶다'고 했다가 오 해를 산 적이 있어.

아들 왜요?

아빠 결혼생활이 얼마나 힘들었으면 그런 말을 할까 하더라.

실연
상처를 누적시키는 게 현명한 것일까요?

아빠 좋아하는 것과 사랑하는 것의 차이를 아니?

아들 글쎄요. 좋아하는 것은 이유가 있는 것이고, 사랑하는 것은
이유가 없는 거 아닐까요?

아빠 이유 없이 좋아할 수도 있어.

아들 아빠가 생각하는 차이는 뭐예요?

아빠 책임이다. 장미를 좋아하는 사람은 장미를 보고 즐기면 되
지만 장미를 사랑하는 사람은 물을 줘야 해.

아들 아빠는 엄마를 사랑하세요?

아빠 당근이지.

아들 아빠는 엄마를 위해 어떤 물을 주나요?

아빠 사랑의 물을 주지.

아들 그게 어떤 건데요?

아빠 네 엄마가 하는 대로 그냥 놔둔다. 그게 아빠의 물주는 방식
이지.

아들 그건 너무 쉬운 거 아니에요?

아빠 너는 그게 얼마나 어려운 건지 모르는구나. 그게 바로 노자
가 말하는 '무위(無爲)의 위(爲)'라는 거야.

아들 점점 더 어려워요.

아빠 그건 아무것도 하지 않는 것이 아니라 아무것도 하지 않는 것을 하는 거야. 2014년 우리나라를 방문했던 프란체스코 교황이 말한 행복 십계명에 대해 들어봤니?

아들 아니요.

아빠 십계명이 다 중요한 말이지만 그중에서 첫 번째는 "다른 사람의 삶을 인정하라"는 것이다. 나는 내 방식의 삶을 살고 타인도 자신의 삶을 살도록 하는 것이지. 이것이 전에 '멋진 프러포즈'에서 말한 '나는 나로 살아야 행복하고, 너는 너로서 살아야 행복하다'는 것을 실천하는 것이지. 이것만 실천해도 행복한 부부생활을 할 수가 있단다. 너도 첫 번째 계명을 항상 생각해.

아들 결혼하는 것이 점점 겁나요.

아빠 그러니까 결혼하기 전에 세 번 기도하라는 말이 있지. 그런데 외로워서 사랑을 했는데 사랑했기 때문에 더 외롭지는 않을까? 경험자로서 얘기해 봐.

아들 더 외로울 때도 있었어요.

아빠 그게 사랑이야. 사랑은 받는 것이기도 하지만 주는 것이기도 하기 때문이지. 사랑을 하면 정말 행복할까?

아들 행복할 때가 많았지만 힘들 때도 있었어요.

아빠 그렇지? 사랑하는 것은 어마어마한 일이야. 현재의 가슴으로는 그 어마어마한 일을 받아들이기 어려워 가슴이 커지는 중이기 때문에 힘든 거야. 그래서 젊은 시절에는 사랑도 많이 해보고 실연도 많이 해보는 것이 좋아.

아들   젊을 때일수록 연애를 많이 해봐야 한다고 말하죠. 그래야 나중에 후회가 없다고. 하지만 연애를 많이 하는 게 과연 좋은 것인지 잘 모르겠어요. 아무리 쿨한 사람이라도 이별에는 항상 상처가 따라오는 법인데 그 상처를 누적시키는 게 현명한 것일까요? 조금 맞지 않다고 쉽게 헤어지고 다른 사람을 찾는다면 결국 더 상처가 되는 연애만 할 것 같아요.

아빠   상처는 다른 사람이 치유해줄 수 없어. 스스로 극복해야 돼. 최백호의 노래 '낭만에 대하여' 알지?

아들   네. '도라지 위스키 한잔에다' 이런 가사가 나오는 노래요?

아빠   거기에 ~이제와 새삼 이~ 나이에 실연의 달콤함이야 있겠냐만은~ 이 가사를 들으면서 이상하다는 느낌 안 들었니?

아들   '실연의 달콤함'이란 말이 좀 어색해요.

아빠   그렇지? 처음 이 노래를 들었을 때는 잘못 들은 줄 알았어. 몇 번 들어도 가사는 이상이 없었어. 왜 그런 가사가 나왔을까 생각해봤어.

아들   그래서 어떤 결론을 얻었나요?

아빠   힘들었던 사랑의 터널에서 빠져나온 시원함이랄까, 맞지 않은 신발을 벗어 던진 후에 오는 후련함 같은 것이 있지 않을까 생각해.

아들   아빠도 그런 경험을 했어요?

아빠   물론 있었지. 상대와 결별을 선언하고 처음에는 무척 힘들어 다음에는 어떤 사람도 만날 수 없을 거란 생각도 들었지.

아들   아빠도 아픈 사연이 많았네요.

아빠 처음에는 아팠지만 생각보다 빨리 회복되더라. 사랑의 아픔
은 다른 사랑으로 치료가 돼. 한 번 산에서 운 새는 물에서
울지 않는 것처럼 그 아픔으로 인해 자신이 더욱 성숙해진
것을 느끼게 되었어.

아들 저는 첫사랑과 결혼한 친구를 부러워했는데 부러워할 게 아
니네요.

아빠 일부러 실연의 아픔을 겪을 필요는 없지만 그런 상황이 오
더라도 너무 힘들어할 필요는 없어. 사람은 고통을 통해 성
장해.

아들 저도 아픔을 통해 많이 성장한 것 같아요. 아픈 만큼 성장한
다는 말이 맞았어요.

미움
사랑이 없으면 미워할 필요가 없지

아빠 사랑의 반대말이 뭐지?

아들 미움이요.

아빠 아니다. 무관심이다. 사랑과 미움은 한 뿌리에서 나온 두 개
의 감정이야. 언제든지 왔다갔다 해. 그래서 사랑하는 사람
이 특별한 이유도 없이 미워질 때가 있다. 너도 그런 경험이

있지?

아들 네, 그런 적 있어요.

아빠 그때 어떤 생각이 들었니?

아들 그때 제 마음을 저도 잘 모르겠는데 두려웠어요. 결국 헤어지긴 했지만 만약 결혼해서 살다가 그런 생각이 들면 어떡하나 생각하니 두려웠어요.

아빠 두려워할 필요 없다. 사랑하는 사람이 갑자기 미워질 때, 믿었던 사람이 갑자기 의심이 들 때, 아름다운 음악이 갑자기 싫어질 때가 있어. 그런 생각이 들더라도 자신을 미워하거나 의심하지 마라. 사랑과 미움, 믿음과 의심은 같은 뿌리에서 나온 두 개의 가지다. 장미에 가시가 있듯이 사랑하는 마음에는 미워하는 마음도 들어있어. 사랑싸움은 상대와의 싸움이 아니라 자신과의 싸움이야.

아들 사랑하지 않는 사람을 미워할 필요가 없죠?

아빠 사랑이 없어도 싫어할 수는 있지만 사랑이 없으면 미워할 필요가 없지. 사랑과 미움, 이 두 가지 마음은 평생 내 안에서 싸운다.

아들 아빠는 지금까지 아무 일 없이 어떻게 살았어요?

아빠 아무 일이 없었던 것은 아니다. 고비가 몇 번 있었지만 그때마다 사랑의 손을 들어줬어.

아들 결혼이 장난이 아니네요.

아빠 결혼은 운전보다 더 위험하다.

아들 결혼 자격증을 따야 결혼할 수 있다면 결혼할 사람이 별로 없겠죠?

아빠 국가에서 그렇게는 못하겠지만 그건 개인의 노력으로 해결
해야겠지.

아들 알면 알수록 결혼이 두려워요.

아빠 그렇다고 겁먹지 마. 미리 알아두면 모르는 것보다 낫지.

아들 결혼해서 배우자의 행동이 진실인지 아닌지 의심이 들 때가
있으면 어떻게 하는 것이 좋을까요?

아빠 나중에 해도 될 걱정을 왜 미리 하려고 해?

아들 저는 그게 궁금해요.

아빠 중요한 것이니 미리 얘기해주지. 사랑과 의심도 한 뿌리에
서 나왔어. "우리는 여러 가지 방식으로 속을 수 있다. 진실
이 아닌 것을 믿음으로써 속을 수도 있고, 진실인 것을 믿지
않음으로써 속을 수도 있다."

아들 정말 멋진 말이에요.

아빠 방금 한 말은 키에르케고르가 한 말이다.

아들 역시….

아빠 이 말의 의미를 아는 것이 중요해. 우리가 진실이 아닌 것을
믿음으로써 속는 일이 많을까, 진실인 것을 믿지 않음으로
써 속는 일이 많을까?

아들 어려운 질문인데요.

아빠 그럼 쉬운 질문을 해볼게. 네가 담배를 피우지 않는다고 한
거짓말에 아빠가 속은 게 많을까, 아니면 정말 담배를 끊었
는데 네가 피울 거라고 의심한 게 더 많을까?

아들 속은 것보다 의심한 게 더 많지 않을까요?

아빠 상대의 거짓말을 믿음으로써 속는 게 나을까, 상대의 진실을 거짓이라고 생각하는 게 더 나을까?

아들 다른 사람은 몰라도 가족끼리는 진실을 믿지 않는 것보다는 차라리 거짓을 믿는 게 더 나을 것 같아요.

아빠 거짓에 속는 것은 나 혼자만의 문제로 끝나지만, 진실을 믿지 않는 것은 상대에게 큰 상처를 줄 수 있지. 결국 서로가 불행해질 수 있어.

아들 생각할 게 많네요.

아빠 이것이 결혼생활에서 중요해.

아들 가족끼리는 거짓에 속는 것이 진실을 의심하는 것보다 낫다는 말씀이군요.
그런 의미에서 보면 부부 사이에서 의심하는 것이 가장 큰 불행이겠네요.

아빠 사랑은 믿음이야. 평생 속아봐야 몇 번을 속겠니? 믿음이 없는 사람과 결혼해서는 안 되고 결혼했다면 무조건 믿어야 돼.

아들 제 나이가 벌써 서른하난데 새로운 사랑을 한다는 게 상상이 안 돼요. 교제야 할 수 있겠지만 누군가를 뜨겁게 사랑할 수 있을까요?

아빠 서른하나, 참 좋은 나이다. '모든 사랑은 첫사랑'이지. 지난 사랑으로 가슴 아파할 필요는 없어. 사랑은 예고하고 오는 게 아니야. 봄비처럼 촉촉이 젖어드는 사랑도 있지만 소나

기처럼 갑자기 오는 사랑도 있어.

아들 요즘은 만남을 시작할 수 있는 공간이나 여건이 제한된 데다가, 20대처럼 그 사람만을 보는 게 점점 어려워지는 것 같아요. 결혼에 대한 전제가 깔려있어서 그런 걸까요?

아빠 네 나이에 결혼을 전제하지 않을 수도 없지만 결혼에 너무 얽매일 필요는 없어. 자연스럽게 몇 번 만나다 보면 느낌이 올 때가 있어. 대화가 잘 된다든지, 가슴이 뛴다든지, 자꾸만 생각이 난다든가 하는 느낌이 중요해.

아들 그런 느낌이 안 오면 사랑이 아닌가요?

아빠 결혼은 사랑해서 하는 것이 아니라 사랑에 대한 예지(豫知)로 감행된다.

아들 무슨 말씀이세요?

아빠 말이 좀 어렵지? 결혼은 저 사람이라면 계속 '새롭게 사랑할 수 있을 것'이라는 느낌이랄까, 예감이랄까 그런 것에서 결정된다는 말이지.

아들 현재의 마음보다 앞으로 어떻게 흘러갈 것이라는 느낌이 중요하다는 말씀이시죠?

아빠 좀 더 쉽게 설명하자면 스칼라와 벡터의 차이지.

아들 쉬운 게 아니라 더 어려워지는데요.

아빠 학교에서 다 배운 거야. 스칼라는 크기만으로 결정되는 양을 말하고, 벡터는 크기와 방향으로 결정되는 양을 말하지.

아들 스칼라와는 다르게 벡터는 방향이 추가된 거죠.

아빠 그렇지. 같은 온도라고 하더라도 봄의 18도는 따뜻한 느낌이지만 가을의 18도는 쌀쌀한 느낌이 들지. 삶에서 크기보다 더 중요한 것은 방향이야.

아들 아빠는 비유의 귀재이십니다. 느낌이 확 오는데요.

앞에서 '새롭게 사랑할 수 있을 것'이라고 하셨는데 같은 사람과 수십 년을 사는데 새로울 것이 뭐가 있을까요?

아빠 좋은 질문이다. 이게 굉장히 중요해. 옛날에는 60세까지만 살아도 살만큼 살았다고 했는데 요즘은 결혼 후 60년을 살아야 하는 상황에서 메마른 결혼생활을 하지 않으려면 남다른 노력이 필요해.

아들 어떤 노력요?

아빠 새로움을 찾는 거야.

아들 새로운 게 없으면요?

아빠 새로운 눈으로 보면 돼. 안 되면 최면을 걸어.

아들 '이 여자는 사람이 아니다' 이렇게 걸어요?

아빠 사람이 아니면 뭐지?

아들 천사죠.

아빠 좋은 상상이네.

아들 저도 지금부터 연습을 해야죠. 저는 이왕이면 '내 여자는 천사다'로 최면을 걸 거예요.

아빠 좋은 생각이다. 그렇게 최면을 걸면 실제 그렇게 보여.

전략
결혼생활에는 손자병법도 필요하다

아들 인간이 거짓말을 하지 않고 살 수 있을까요?

아빠 없다. 만약 거짓말을 하지 않는다는 사람이 있다면 그 사람이
      거짓말쟁이거나 우둔한 사람이야. 어차피 거짓말을 하려거
      든 우아한 거짓말을 해라. 하얀 거짓말은 죄가 되지 않는다.

아들 어떤 게 있죠?

아빠 예를 들면 《레미제라블》에서 은촛대를 훔친 장발장이 경찰
      에게 심문을 당할 때 신부가 '그것은 내가 선물로 준 것'이라
      고 말한 것이지.

아들 신부님도 거짓말을 했네요.

아빠 그런 건 사람을 살리는 거짓말이야. 결혼하거든 아내에게
      무조건 최고로 예쁘다고 말하고, 아내가 해주는 음식은 무
      조건 맛있다고 하면 된다.

아들 맛이 없으면요?

아빠 그래도 맛있다고 해라. 정말 맛없는 거면 내색하지 말고 다
      른 것을 먹어라.

아들 부부 사인데 홍길동처럼 그렇게 살 필요가 있나요?

아빠 부르고 싶은 대로 아버지를 아버지라 불렀으면 홍길동이 그
      집에서 제대로 살 수 있었겠냐?

아들 아빠도 그렇게 사셨나요?

아빠 물론이다. 네 엄마도 처음부터 요리를 잘한 건 아니란다.

아들 처음에는 어땠어요?

아빠 별로였어. 그렇지만 식탁에 올라오는 건 무조건 맛있게 먹었다. 무조건 별 5개라고 말했어. 그랬더니 나중에 정말 잘하게 되더라. 그것이 소위 말하는 '햇볕정책'이지.

아들 아빠도 참 힘들게 사셨어요. 존경합니다.

아빠 힘든 게 아니다. 그게 가장 쉽게 사는 방법이다. 생각을 바꿔. 맛없는 것을 맛있다고 해도 상대는 다 안다. 그렇게 하는 게 더 잘하게 하는 것이라는 걸 나는 알고 있었다. 잘 먹었으면 설거지는 네가 해라. 그것이 다음에도 맛있는 음식을 먹는 비결이다.

아들 지금은 왜 햇볕정책을 안 쓰세요?

아빠 내가 안 쓴다고 생각하니?

아들 네, 가끔 잔소리도 하시던데요.

아빠 햇볕정책은 상대가 쓴다는 사실을 모르도록 하는 것이 핵심이다. 네가 그렇게 생각했다면 나의 정책이 성공이다.

아들 대단하십니다, 아버지. 결혼생활을 하면서 굳이 정책을 써야 하나요?

아빠 물론이지. 필요하면 허허실실법, 손자병법까지 써야 돼. 처음부터 명마는 없어. 야생마를 길들여서 명마로 만들어야 돼. 알렉산드로스가 타던 말 이름이 뭔지 아니?

아들 아니요.

아빠 부케팔로스라는 말인데, 그 말이 워낙 사나워서 아무도 길
들이지 못할 때 알렉산드로스는 그 말이 자신의 그림자를
두려워한다는 것을 알고 말고삐를 태양을 향하게 하여 그림
자를 보지 못하게 한 후에 올라탔어. 야생마는 올라타는 것
이 어렵지 일단 올라타면 온순해지지. 그는 그 말을 타고 전
장을 누비고 다녔지.

아들 그럼 엄마가 야생마였어요?

아빠 조랑말인데 야생마 기질이 있었지.

아들 엄마가 말이라면 어떤 말일 것 같아요?

아빠 처음에는 조랑말, 나중에는 적토마.

아들 엄마를 너무 키워주신 거 아니에요?

아빠 내가 적토마로 생각하니 진짜 그렇게 되더라. 나중에 너도
그렇게 해봐.

아들 엄마는 말이 아니라 애마부인이 더 잘 어울려요.

아빠 말(言)로써 말(馬) 많으니 말(言)을 말자.

국제결혼
저는 일본 여자가 좋아요

아들 큰누나가 영국 남자와 사귄다고 했을 때 아빠 마음이 어떠

셨어요?

아빠 처음에는 깜짝 놀랐지. 아무리 글로벌 사회라고 해도 결혼은 보수적이어야 한다고 생각했다. 내가 결혼식장에 많이 가봤어도 국제결혼은 한 번도 없었어.

아들 그럼, 마음을 연 건 언제부터였어요?

아빠 사랑은 변할 수 있는 것이기 때문에 누나의 마음이 바뀌길 은근히 바랐다. 그런데 시간이 지나도 누나 마음이 바뀌지 않더구나. 내가 국적이 다르다는 이유만으로 반대할 정도의 사람은 아니잖니. 반대를 하더라도 사람을 보고 판단해야겠다고 생각했지. 그래서 집으로 불러 식사를 하면서 이야기를 해보니 호감이 가더라.

아들 그때 하신 이야기 중에서 기억나는 것 있어요?

아빠 내가 이렇게 물었지. "러시아 속담에 바다에 나갈 때는 한 번 기도하고, 전쟁에 나갈 때는 두 번 기도하고, 결혼을 할 때는 세 번 기도하라는 말이 있는데 자네는 몇 번 기도했는가?" 라고.

아들 그랬더니요?

아빠 그랬더니 "네, 저는 백 번, 천 번 기도했어요" 라고 말하더군.

아들 그래서 오케이 했나요?

아빠 그때 어느 정도 마음에 들었지만 확신은 안 들었어. 두 사람 중 한 사람이 마음이 식을 수도 있으니 기다려보자고 생각했는데 두 사람 다 마음이 식지 않더라. 그래서 결혼을 승낙하기로 마음먹었다.

아들   지금 잘 살고 있으니 그때 판단이 옳았다고 해야죠.

아빠   만약 그때 국적이 다르다는 이유로 결혼을 반대했다면 더 큰 부작용이 일어날 수도 있었겠지. 지금은 웃으면서 말할 수 있지만 그때는 그런 결정을 하는 게 큰 모험이었어.

아들   다음에 한 번 더 그런 결정을 해야 한다면 어떻게 하시겠어요?

아빠   두 번째는 좀 쉽겠지. 그런데 말하고 보니 좀 이상한 느낌이 드는데 너 무슨 일이 있냐?

아들   아니에요. 작은누나가 이태리에 있으니 그렇게 될 수도 있지 않을까요?

아빠   이미 하나를 멀리 보냈으니 둘째는 그리 안 되길 바라지만 만약 그렇게 된다고 해도 반대할 생각은 없어.

아들   저도 안심하면 안 되는 거 아시죠?

아빠   뭐야?

아들   저는 일본 여자가 좋아요.

아빠   뭐가 좋은데?

아들   친절하고 귀엽잖아요.

아빠   그래, 너 좋은 대로 해라. 일본도 좋고 아프리카도 좋다.

부부싸움
나는 이순신 전법을 쓴다

아들   지금까지 다른 사람과 싸운 적이 있나요?

아빠   학창시절에 딱 두 번 싸운 적이 있었는데 둘 다 1분 이내에 끝났다. 두 번째는 10초도 안 걸렸어.

아들   아빠가 이겼어요?

아빠   물론이지. 그 후 나보다 못한 사람과 싸우지 않기로 했다.

아들   왜요? 이겼잖아요.

아빠   바로 그것 때문이야. 이기고 나서도 별로 기쁘지 않더라. 오히려 코피를 흘리는 친구를 보니 아픔이 더 컸어. 싸우지 않는 또 다른 이유가 있어.

아들   뭔데요?

아빠   나보다 약한 사람은 싸울 필요가 없고, 나보다 강한 사람은 싸워서 안 된다는 것을 알았기 때문이야. 이순신은 반드시 이길 수 있는 전투에서만 싸웠거든.

아들   나보다 센지 아닌지 싸워보기 전에 어떻게 알아요?

아빠   그것을 구분하는 방법이 있지. 목소리가 커지는 사람이 약한 사람이야. 그런 사람은 자신이 약하기 때문에 목소리가 커지지. 만약 나의 목소리가 커진다면 내가 상대보다 약하다는 증거야. 내가 약할 때라는 것을 알면 싸워서는 안 되겠지.

아들 좋은 방법이네요.

아빠 그런데 그게 다른 사람들에게는 적용이 되는데 적용이 안 되는 경우가 있어.

아들 어떤 경우요?

아빠 부부싸움이야. 부부는 서로가 약하다고 생각을 안 해. 그러니까 싸움이 되는 거지.

아들 저는 아직 잘 모르겠지만 어려울 것 같네요.

아빠 부부가 싸운 후 자는 모습을 보면 밉기도 하고 불쌍하다는 생각이 들어.

아들 미운 생각이 드는 것은 이해가 되는데 불쌍한 생각은 왜 들어요?

아빠 사랑이 이해하지 못할 이유로 끝나듯이 부부싸움도 사소한 것 때문에 싸우지. 그래서 싸우고 나면 이기든 지든 자신이 왜소해지는 것을 느껴. 왜소한 나와 같이 사는 상대에게도 그런 생각이 드는 거지.

아들 부부 사이에도 아까 말씀하셨던 그런 생각을 적용하면 안 되나요? 그러면 싸움이 안 될 거 아니에요.

아빠 힘이 어느 한쪽으로 기울어진다면 싸움이 되지 않겠지. 힘의 균형이 유지되니까 싸우는 거야.

아들 힘의 균형이 유지되는 게 좋은 거 아닌가요?

아빠 싸울 때 싸우더라도 힘의 균형이 유지되는 것이 좋아. 부부싸움은 어느 한쪽이 이기고 지는 것보다 무승부가 좋지. 오늘 내가 이긴다면 다음에는 한 번 져주는 것이 좋단다.

아들 싸울 때는 그게 어렵지 않나요?

아빠 그게 어려우면 싸우고 나서 먼저 사과하면 돼. 먼저 사과하는 쪽이 지는 것 같지만 결과적으로 이기는 거야.

아들 싸우고 사과하는 것보다 처음부터 싸우지 않는 것이 좋지 않을까요?

아빠 그러면 가장 좋지. 하지만 살다보면 그건 불가능해. 계속 맑은 날씨보다 비 온 뒤 화창한 날씨가 더 좋은 것과 같아. 싸우지 않는 부부는 싸울 필요가 없거나 싸울 가치가 없다고 생각하거나 둘 중 하나야. 부부싸움을 하지 않는다고 해서 다 사랑하는 것도 아니고, 부부싸움을 한다고 해서 사랑하지 않는 것도 아니다. 그것은 힘의 균형을 유지하려는 수단이라고 보면 돼.

아들 부부가 싸우는 건 사랑이 식었기 때문이 아닐까요?

아빠 사랑이 식어서라기 보다는 사랑을 다른 방법으로 말하기 때문이지. 부부싸움은 나를 알고 상대를 더 알아가는 과정이지 결코 사랑의 종말은 아니야.

아들 모난 돌이 물살에 씻겨 조약돌이 되는 것처럼 부부싸움도 그렇군요.

아빠 나중에야 알게 되었는데, 싸운 상대는 상대가 아니라 나 자신이었더구나.

아들 이제 철학자가 다 되셨네요.

아빠 소크라테스가 되었지.

아들 그럼 엄마가 악처란 말이에요?

아빠 말이 그렇다는 것이지 너도 엄마 같은 사람만 만나라.

아들 저는 철학자가 되기 싫어요. 저는 싸우지 않고 살 거예요.

아빠 사람이 아프지 않고 살 수 없듯이 부부가 싸우지 않고 살 수는 없다. 어떤 문제로 어떻게 싸우느냐가 중요해. 부부싸움에도 전술과 전략이 필요하단다.

아들 아빠의 전략은 뭔가요?

아빠 나는 이순신 전법을 쓴다.

아들 학익진 같은 거요?

아빠 그런 건 필요 없어. 이길 수 있을 때만 싸우는 것이다.

아들 그런데 아빠는 질 때가 더 많지 않았나요?

아빠 헉! 네가 그걸 어떻게? 작전상 져줄 때도 있었지.
부부싸움을 이순신같이 하면 백전백승이야. 이순신이 위대한 것은 언제나 열세한 상황에서 적과 싸워 이긴 데 있는 것이 아니라 어떠한 상황에서도 우세한 상황을 만들어 적과 싸워 이겼다는 데 있다. 불리한 상황에서는 절대 싸우지 않았던 것이지.

아들 우세한 상황을 만들고 나면 싸울 필요가 없지 않을까요?

아빠 정확하게 보았다. 그렇게 되면 싸움이 안 되지. 상대도 판을 읽을 수 있는 눈이 있으니까. 대부분 진 싸움에서는 내가 거꾸로 했기 때문이야. 질 수밖에 없는 싸움은 아무리 애써도 소용이 없어.

아들 철학자에서 이제는 병법가까지 되셨네요.

차이
부부가 성격이 같을 필요가 있을까?

아빠 우리나라가 이혼 증가율이 세계 최고인 거 알지?

아들 이혼율이 아니라 이혼 증가율이 최고예요?

아빠 곧 이혼율도 최고가 되겠지. 이혼사유 중에서 가장 많은 것
이 뭔지 아니?

아들 성격차이죠.

아빠 처음에는 아빠와 엄마의 성격이 차이가 너무 많이 난다고
생각했어. 그래서 싸움도 많이 했지.

아들 정말요? 저는 아빠 엄마는 잘 안 싸우시는 줄 알았는데.

아빠 너희들 보는 데서 잘 안 싸워서 그렇지 많이 싸웠다.

아들 성격이 어떻게 달라요?

아빠 다른 정도가 아니라 같은 것이 없을 정도로 다르다. 주소와
결혼기념일만 빼고 다 달라.

아들 그렇게 다른 데 지금까지 어떻게 사셨어요?

아빠 그건 기적이라고 봐야지.

아들 아빠가 엄마와 많이 다르다고 하셨는데 어떤 것이 가장 달
라요?

아빠 시간에 대한 관념의 차이가 가장 컸다. 나는 어렸을 때부터
시간관념이 엄한 부모 밑에서 자라서 시간을 꼭 지켜야 한

다는 신조를 가지고 살았는데 네 엄마는 그렇지 않았지.

아들 엄마는 워낙 하는 일이 많아서 그런 거 아닐까요?

아빠 물론 그런 것도 인정해. 일도 중요하지만 시간을 지키는 것
이 더 중요하다. 아빠와 함께 갈 때 엄마는 시간을 지킨 적
이 거의 없었어. 항상 조금씩 늦는 게 습관이 된 것 같더라.
물론 시간을 조금 못 지킨다고 큰일 나는 건 아니지만 그런
상황이 계속될 때 내 마음이 불편했다. 지금까지 싸운 것의
반 이상은 시간 때문이었어.

아들 시간관념이 약한 엄마도 문제지만 시간에 대해 너무 엄격한
아빠가 조금 양보할 수 없었나요?

아빠 자신의 신조를 버리기는 힘들어. 그래서 시간개념이 희박한
네 엄마를 바꾸려고 노력했다. 사실 나는 시간에 대한 트라
우마가 있어.

아들 어떤 트라우마요?

아빠 대학본고사 칠 때 제시간에 못 들어간 아픈 상처가 있어.

아들 시험을 못 쳤나요?

아빠 결국 치긴 했는데….

아들 아빠같이 시간개념이 강한 분이 어떻게 그런 일이….

아빠 그날 눈이 많이 왔어. 교문에서 시험장까지 걸어가는데 시
간이 생각보다 많이 걸렸나 봐. 시험장이 학교 맨 끝에 있었
거든. 건물 입구에 들어가는데 사람들이 아무도 없는 거야.
순간 기분이 싸해지더라. 교실 뒷문에는 수험생 어머니 같
은 분이 몇 명 있었어. 뒷문으로 들어가려고 하는데 문이 잠

겨 있었어. 창문으로 교실 안을 보니 시험감독이 시험지를 돌리려고 하고 있었지. 나는 문을 열어달라고 손짓을 하는데 감독이 손을 흔들며 안 된다는 신호를 보내자 다리에 힘이 빠지면서 할아버지의 화난 얼굴이 보이더라.

아들 그래서요?

아빠 학부형들이 애절한 표정을 시험감독에게 보내는 것 같았어. 나도 허탈한 모습으로 안을 보고 있었지. 그러자 감독은 시험지 돌리는 것을 잠시 중단하고 문을 열어주더라. 만약 시험지를 돌렸다면 입실이 안 되었을 거야. 순간의 차이로 입실은 했는데….

아들 와! 대박.

아빠 대박이 아니야. 일단 입실한 건 행운이었지만 시험지를 받았는데 심장이 뛰고 글자가 하나도 안 보였어. 그래서 첫 시간은 시험을 망쳤어.

아들 둘째 시간은 괜찮았나요?

아빠 한 번 페이스를 잃으니 컨디션이 안 잡히더라. 결국 떨어졌지. 그게 아직도 트라우마로 남아 있어. 그래서 중요한 일이 있으면 항상 미리 준비하는 것이 습관이 되었지.

아들 그런 아픈 일이 있었군요. 그래서 엄마가 변했나요?

아빠 이야기가 좀 길어졌구나. 아까 엄마 얘기하다 말았지? 엄마는 물론 안 변했어. 그 과정에서 갈등의 골만 더 깊어졌고, 그렇게 보낸 세월이 30년이야.

아들 그래서 어떻게 하셨어요?

아빠 내가 포기했다.

아들 뭘 포기해요? 엄마를요?

아빠 그렇다고 엄마를 포기할 순 없잖아. 시간을 꼭 지켜야 한다
     는 나의 마음을 내려놓았어.

아들 그랬더니 좋아졌어요?

아빠 엄마가 좋아질 리가 있나. 그 대신 내 마음이 편해지더라.

아들 그게 쉽지 않았을 텐데요.

아빠 물론 처음에는 화도 나고 억울하기도 하고 했지. 정의가 불
     의에 굴복당하는 기분이 들었어.

아들 사소한 것을 너무 거창하게 생각하신 거 아니에요?

아빠 처음에는 사소한 것이 아니었다. 그런데 이상하게도 시간이
     지나면서 두 가지가 달라졌어.

아들 뭐가요?

아빠 절대 안 변할 것 같은 내 마음이 변했어. 내가 그동안 금과
     옥조로 가지고 있던 것을 내려놓아도 문제가 되지 않더구
     나. 그다음에는 절대 안 바뀔 것 같은 네 엄마가 조금씩 바
     뀌더라. 그렇게 안 되던 시간 지키기가 조금씩 되는 거야.
     해보기 전에는 상상도 할 수 없던 일이 벌어진 것이지.

아들 아빠가 소중하게 생각하던 것을 내려놓으니까 엄마가 미안
     한 생각이 들었던 거 아닐까요?

아빠 그래서 그런지 신기하게도 내가 원하던 대로 되었어. 만약
     내가 변하지 않고 엄마를 변화시키려고만 했다면 관계가 더
     나빠졌을 것 같아. 이순신 장군이 말한 '필사즉생 필생즉사'

란 말이 부부관계에서도 성립되는 것 같다.

아들 아빠가 역시 한 수 위네요. 이순신 전법이 통했군요.

아빠 그런데 어느 날 문득 이런 생각이 들었어.

아들 어떤 생각요?

아빠 다른 것도 많지만 같은 것이 더 많다는 생각, 그리고 부부가
성격이 같을 필요가 있을까 하는 생각이 들었어. 사람은 모
두가 다 다른데, 심지어 어둠에 반짝이는 반딧불이도 모두
다르다.

아들 대단한 발견이네요. 그런데 어떻게 그런 생각을 하게 되셨
어요?

아빠 대단한 발견 맞지. 위대한 발견은 원래 순간적으로 일어나
지. 아르키메데스가 목욕하면서 욕조에서 흘러넘치는 물을
보고 부력의 원리를 발견하고, 사과가 떨어지는 것을 보고
뉴턴이 중력의 법칙을 발견한 것처럼 말이야.

아들 발견은 한순간에 오지만 그 순간이 오기까지는 많은 노력이
있었을 거 아니에요.

아빠 역시! 같은 생각으로 다른 결과를 기대해서는 안 돼.

아들 대단한 사고의 전환이네요. 그 후 어떻게 달라졌어요?

아빠 관점이 바뀌니 많은 것이 긍정적으로 변했지. 인생은 상황
을 바꿀 수는 없어도 관점을 바꿀 수는 있어.

아들 관점을 바꾸는 것이 더 어려운 거 아닌가요?

아빠 어려운 건 맞아. 하지만 노력해서 안 될 건 없어. 관점을 바
꾸면 세상이 바뀌지. 삶이 모순으로 가득 찼다고 삶을 원망

하는 사람이 있고, 삶에 모순이 있기에 삶이 아름답다고 하는 사람도 있다.

아들 삶은 때로는 모순이고, 때로는 역설이에요.

아빠 너도 삶을 조금씩 알아가고 있구나.

아들 저도 더 이상 어린아이가 아니에요. 아빠는 제 나이에 둘째 누나 돌잔치 하셨잖아요.
총각 시절에 사귀던 아가씨와 종교가 달라서 헤어졌다고 하셨죠?

아빠 내가 그 이야기를 네게 했었나?

아들 네, 들었으니까 알죠. 이건 엄마도 알고 있죠?

아빠 대충은 알고 있다.

아들 만약 다시 그 시절로 돌아간다고 해도 같은 선택을 하시겠어요?

아빠 다시 돌아간다고 하더라도 사람은 바뀌지 않아. 내가 그 이야기를 친구한테 하니까 내가 그녀를 덜 사랑해서 그렇다고 하더라.

아들 친구 말이 맞는지 모르죠.

아빠 지금 생각하니 종교 때문인지는 몰라도 결과적으로 그녀를 뜨겁게 사랑하지는 않았던 것 같아.

아들 그래서 종교를 핑계로 헤어졌군요.

아빠 사실 종교 문제만 없었다면 다른 건 문제 없었어.

아들 어떤 것이 가장 걸림돌이 됐나요?

아빠 유교가정에서 개신교가 문제가 되는 건 제사 때문이지.

아들 제사는 조금씩 양보해서 할 수 있지 않을까요?

아빠 제사 자체보다 종교관으로 인한 갈등이 문제가 될 수 있다
고 생각한 거지.

아들 아빠는 사랑을 가슴으로 한 것이 아니라 머리로 하셨나요?
일어나지도 않은 것을 가지고 사랑하는 사람과 헤어진다는
게 이해가 안 돼요.

아빠 당장 일어나는 것은 아니지만 얼마든지 예상은 되잖아. 그
때 주변에서 그런 얘기만 들렸어. 사랑을 가슴으로 한다, 머
리로 한다, 이렇게 구분하는 것은 옳지 않다고 봐. 가슴으로
만 하는 사랑은 뜨겁지만 오래 가지 못하고, 머리로만 하는
사랑은 삐걱거리고 메마르기 쉬워. 이성과 감성이 적절히
조화된 사랑이라야 오래 갈 수 있어.

아들 만약 제 여친이 저와 종교가 다르다면 아빠라면 어떻게 하
시겠어요?

아빠 종교가 같으면 좋겠지만 만약 다르다고 하더라도 종교 때문
에 반대는 하지 않을 것 같다. 아빠는 제사 같은 것 필요 없
으니 문제가 안 될 것 같아.

아들 그래도 제사는 지내야죠. 안 지내면 저희들이 서운하죠.

아빠 살아있을 때 행복하게 살다가 가면 그만이지 제사가 무슨
소용 있어. 이건 네 엄마도 나와 생각이 같다. 너희들이 정
말 서운하면 간단하게 지내든가.

몇 번의 연애가 불 꺼진 무대가 될 때마다 항상 이 사랑은 실패한 사랑이라고 생각했다. 성공이었다면 헤어지지 않았을 테니까. 오답노트를 쓰듯이 실패의 원인이 무엇일까 분석하고 나름의 원인을 도출했다. 그리고 그 실수를 다음 연애에는 반복하지 않으려고 애썼다.

뜸한 연락이 문제라고 생각해 어딜 가든지 무얼 하든지 꼬박꼬박 연락했고, 무심한 표현이 문제인 것 같아 나답지 않게 애교도 부리고 과한 애정표현까지 했다. 하지만 결과가 허무한 건 마찬가지였다.

지금은 내가 누군가의 사랑을 받을 만큼 향기로운 사람인가, 누군가의 사랑을 받아들일 만한 그릇이 되는 사람인가를 생각한다. 사랑은 나의 잣대로 상대를 재단하는 것이 아니라 지금 있는 그대로를 사랑하는 것이라는 것도 알게 되었다.

나를 나 자신 그대로 사랑할 사람을 만날 것이고, 나도 상대를 있는 그대로 사랑할 것이다.

PART 6

불안

살아있는 존재는 다 불안하다.
적당한 불안은 생존을 위해 필요하지만
지나치면 건강을 해치고 소중한 시간을 낭비하게 된다.
불안의 원인은 외부에 있는 것이 아니라 내 마음에 있다.
하나의 생각에 빠져드는 것은 생각을 키우는 것이다.
생각은 나로부터 나왔지만 커지면 내가 감당할 수 없다.
생각은 생각일 뿐 행동과 다르다.
우리의 신경 시스템은 생각과 실제 경험을 구분하지 못한다.
삶에서 불안을 어떻게 받아들이고 극복할 것인가?

기우
게임을 하거나 혼술을 할 때가 많아요

아들 아빠, 기우에 대해 어떻게 생각하세요?

아빠 기후? 지구온난화?

아들 아뇨, 쓸데없는 걱정 말이에요.

아빠 갑자기 왜?

아들 그런 말이 생긴 건 실제 그런 걱정을 한 사람이 있었다는 뜻이겠지요?

아빠 그렇겠지. 하늘이 무너질 걸 걱정하는 사람을 보고 사람들은 웃지만 미래에 대한 걱정은 누구나 다 있어. 왜? 너도 그런 걱정이 있니?

아들 네.

아빠 걱정 마라. 티베트 속담에 "걱정한다고 걱정이 없어지면 걱정이 아니겠네" 라는 말이 있는 것처럼 걱정한다고 될 게 있고 걱정해도 안 될 게 있어.

아들 그런 구분이 쉽지 않아요. 그냥 막연해요. 이러다가 막차를 영영 놓치는 것이 아닌가 하는 불안감이 생겨요.

아빠 그런 마음이 들면 어떻게 하니?

아들 게임을 하거나 혼술을 할 때가 많아요.

아빠 그러면 불안이 없어지니?

아들 아니요, 그때는 잠시 잊어요.

아빠 적당한 불안은 사람을 분발하게 하지만 너무 큰 불안은 사람의 마음을 갉아먹는다. 사람들이 대부분 겪는 것은 큰 고통이 아니야. 정말 큰 고통은 자기 혼자만 겪는 고통이지. 불안은 피한다고 되는 게 아니야. 두렵지만 직면해야 돼. 그러면 저절로 작아져.

아들 저도 그런 걸 느꼈어요. 술 깨고 나서 현실로 돌아오면 더욱 힘들다는 것을요.

아빠 내가 귀신 얘기 하나 해줄까?

아들 갑자기 웬 귀신요?

아빠 옛날 아빠가 어렸을 때 시골에서 밤에 호롱불을 켜놓고 친구들과 둘러앉아 귀신 이야기를 많이 했어. 그러면 귀신이 문을 열고 막 들어올 것 같은 기분이 들었지. 그때 문을 등지고 앉아 있는 사람과 문을 보고 앉아 있는 사람 중 누가 더 무서울까?

아들 문과 마주하고 있는 사람이 더 무서울 것 같아요.

아빠 아니야, 문을 등지고 있는 사람이 더 무서워.

아들 왜요?

158

아빠 등지고 있으면 볼 수 없기 때문에 온갖 상상을 다 하게 되어 더 무서워. 귀신이 무서운 건 보이지 않는 것을 상상하기 때문이지. 막상 보면 아무 것도 아닐지도 모르는데 말이다.

아들 저도 불안이 찾아오면 피하지 말아야겠네요.

아빠 불안은 피할수록 더 무서워져. 그럴 때는 책을 읽어라.

아들 어떤 책요?

아빠 무슨 책이나 좋지만 이왕이면 마음을 다스리는 책, 긍정 마인드를 심어주는 책이 좋다. 집에서 찾아봐.

사춘기
건강과 죽음에 대해 가장 불안했던 시기

아들 아빠는 인생에서 언제 가장 힘들었어요?

아빠 중고등학교 때가 가장 힘들었다. 그렇다고 지금이 힘들지 않다는 것은 아니다. 삶은 언제나 힘든 거야.

아들 그런데 왜 지금은 힘들게 보이지 않아요?

아빠 내색을 하지 않을 뿐이야. 그때와 한 가지 다른 점이 있다면 지금은 그것을 이겨낼 수 있는 내공이 있다는 것이지.

아들 아빠가 힘들다면 우리나라 사람 중에서 안 힘든 사람이 어디 있겠어요?

아빠 사람들은 다 나름대로 힘들다. 그런데 모두 자신의 짐이 가장 무겁다고 생각하지. 너도 그렇게 생각해?

아들 꼭 그런 건 아니에요. 다른 사람의 짐은 모르지만 제 짐은 아니까 무겁게 느껴지는 거죠.

아빠 배가 무거운 돛을 안고 가야 하듯이 각자의 짐을 지고 가야 하는 것이 인생이야. 어떻게 보면 짊어질 짐이 없는 사람의 삶이 가장 무거울 수도 있어.

아들 아빠의 말씀을 들으니 제 짐이 한결 가벼운 느낌이 들어요. 저도 지금 힘들지만 저보다 더 힘든 친구도 많아요.

아빠 사랑 해봤다고 했지?

아들 네.

아빠 사랑할 때 어땠어?

아들 좋을 때도 있었지만 힘들 때도 있었어요.

아빠 인생이란 그런 것이다.

아들 아빠는 사춘기 때 뭐가 가장 힘들었어요?

아빠 크게 보면 미래에 대한 불안, 그중에서 건강과 죽음, 이런 것이 큰 불안이었어.

아들 아팠던 것도 아닌데 건강에 대해서 너무 민감하게 생각한 거 아니에요?

아빠 특별히 아픈 데는 없었어. 그래도 막연하게 병에 걸릴 것 같은 생각이 들어 불안했지. 딱 힘든 이유가 있었던 게 아니라 스스로의 생각에서 못 벗어났던 거야.

아들 혹시 '아는 게 병'이 된 건가요?

아빠 그런 것 같아. 때로는 어설프게 아는 것이 병이 될 때가 있지. 그때는 머리가 조금만 아파도 뇌종양에 걸린 것 같았고, 기침이 조금만 나도 폐결핵에 걸린 것 같고, 옆구리가 조금만 결려도 늑막염에 걸린 것 같고, 사타구니가 조금만 가려워도 성병에 걸린 것 같았어.

아들 성병은 직업여성과 관계를 해야 걸리는 거잖아요?

아빠 알고 있었지만 왠지 목욕탕에서도 걸릴 것 같은 생각이 들었어. 그러다보니 사창가에는 얼씬도 하지 않았다.

아들 정말요? 불행 중 다행이네요.

아빠 내가 생각해도 불행 중 다행인지, 다행 중 불행인지 모르겠구나.

아들 뇌종양은 몰라도 다른 건 간단한 병 아니에요?

아빠 지금은 그렇지만 그 당시에는 큰 병이었어.

아들 아빠가 그런 생각을 했을 때는 이유가 있었을 텐데요?

아빠 물론 있지. 아빠가 중1 때였다. 할아버지가 입학 기념으로 〈세계위인전〉과 〈세계문학전집〉을 사주셨어. 내가 무슨 책부터 읽었는 줄 아니?

아들 순서대로 읽은 건 아닌 것 같네요.

아빠 출생년도와 사망년도를 보고 일찍 죽은 사람들 순으로 읽었어. 슈베르트, 예수, 알렉산드로스, 모짜르트 순으로 읽었어. 괴테, 톨스토이 같이 오래 산 사람들은 가장 나중에 읽었다.

아들 왜 그렇게 하셨어요?

아빠 요절한 사람일수록 위대하게 보였고, 오래 산 사람은 왠지 싫었어. 나도 일찍 죽을 것 같은 생각이 자꾸 들었어. 요절한 사람에 대해서는 동병상련의 정이 들었고, 오래 산 사람에게는 질투랄까 혐오감까지 들었다.

당시에는 위인들 중에 폐결핵이나 매독으로 죽은 사람들이 많았어. 그래서 그 병이 두려웠던 거야. 옛날에는 매독이 굉장히 무서운 병이었어. 슈베르트, 마네, 모파상, 알퐁소 도데, 오스카와일드 같은 사람들도 매독으로 죽었어. 고흐도 권총으로 자살을 했지만 매독균이 머리로 들어가서 정신착란을 일으켰을 거라고 해. 내가 좋아하는 니체도 말년에 정신병으로 10년간 고생하다 죽었는데 매독이 원인이었을 것이라고 하더구나.

불안
기우와 합리적인 의심 사이

아들 아빠는 불안한 생각을 어떻게 극복했어요?

아빠 사람의 생각이란 것이 정말 요상하더라. 아무것도 아닌 것을 한 번 엉뚱하게 생각하면 정말 그 생각에 꽂혀 마음이 안정이 안 돼. 쓸데없는 생각을 하지 말자고 마음을 먹으면 먹을수록 생각은 오히려 반대로 갔어.

아들 저도 그런 경험이 있어요. 치과에 가서 귤을 생각하면 입에 침이 고이잖아요. 그래서 치과에 가서 귤을 생각하지 말아야겠다고 생각하는 순간 더 귤이 생각났어요. 담배도 피지 말아야겠다고 생각하면 그 순간 더 생각이 나고….

아빠 요즘도 담배 피우니?

아들 아뇨, 피우지는 않지만 가끔 생각은 나요.

아빠 생각은 마치 눈길 위에서 운전을 하는 것 같아. 브레이크를 잡을 수도 없고 핸들이 듣지도 않아. 나중에 생각해보니 나의 불안은 내 생각이 만든 것이었어.

아들 그때는 그걸 몰랐어요?

아빠 지금 알고 있는 것을 그때 알았더라면 그렇게 불안해할 필요가 없었겠지. 마치 꿈속에서 꿈인 줄 알았더라면 괴로워할 필요가 없는 것처럼 말이야.

아들 아빠가 지금 알고 있는 걸 제가 지금 알게 된 것만 해도 다행이에요.

아빠 살아있는 모든 존재는 근원적인 불안이 있는 것 같아. 그것이 또 존재를 살아가게 하는 힘이 될 수 있겠지.

아들 불안이 사람을 힘들게 하기도 하지만 더욱 성장시키는 것 같아요.

아빠 그것만 알아도 자신을 지킬 수 있는 힘이 될 거야.

아들 불안해하는 것이 근거가 있었나요?

아빠 가능성은 낮지만 실제 그 일이 발생하면 큰일이 생기는 경우 불안했지. 젊었을 때 바닷가 횟집에서 회를 먹는데 뼈같이 딱딱한 것이 씹혔어. 그냥 삼키려고 하다가 뱉어서 확인해보니 낚시 바늘이었어.

아들 아이쿠, 큰일 날 뻔했네요. 그래서 어떻게 하셨어요?

아빠 그 순간 많이 놀랐어. 그냥 참고 넘어갈 수 없어 주인을 불러 확인했지.

아들 주인이 뭐라 했어요?

아빠 얼굴색이 변하면서 자기네 낚시 바늘이 맞다는 거야. 자기 집은 전부 자연산인데 낚시로 잡는대. 사과를 해서 그냥 넘어갔지만 그게 계속 안 좋은 기억으로 남아 있었어. 돈은 안 받을 줄 알았는데 받더라.

아들 만약 확인을 안 하고 삼켰다며 어떻게 되었겠어요?

아빠 생각만 해도 아찔해. 그 다음부터 회를 먹을 때 뼈 같은 것이 씹히면 낚시 바늘이 생각나서 불안해서 삼키지를 못했어. 한동안 트라우마가 되었지.

아들 정말 회를 먹을 때는 조심해야 하겠어요.

아빠 그렇다고 너무 불안해하면 사는 게 힘들어져. 불안이 습관이 되면 불안한 대상이 없으면 스스로 만들게 돼. 일어날 수는 있지만 가능성이 아주 희박한 것도 마치 일어날 것 같은 착각이 들기도 하고. '기우'라는 말이 괜히 생긴 게 아니라는 생각이 들었어.

아들 그건 기우가 아니라 합리적인 의심이에요. 다른 건 어떤 거였나요?

아빠 불을 끈다든지, 문을 잠근다든지 하는 중요한 것은 몇 번이고 확인을 해도 불안했어. 내가 안 한 것도 한 것 같았고, 내가 한 것도 안 한 것 같은 착각이 들어 괴로울 때가 많았지. 심한 경우에는 다른 사람이 나를 해칠지도 모른다는 생각이 들어 마음속으로 방어할 준비를 하며 다닌 적도 있었다.

아들 그런 생각을 하게 된 계기가 있었을 거 같은데요?

아빠 물론 이유가 있지. 중3 때 친구들이 장난치려고 내가 의자에 앉으려고 하는 순간, 한 명은 의자에 모나미 볼펜을 심이 위로 올라오게 하여 세우고 있었고 또 한 명은 나의 어깨를 세게 눌러 앉혔어.

아들 으악! 그래서 어떻게 되었어요?

아빠 볼펜 끝이 정확히 항문을 찔렀어. 순간적으로 별이 4개 정도 보였어. 나는 너무 아파 데굴데굴 굴렀고 장난친 친구는 생각했던 것보다 상황이 심각해지자 서로 책임을 상대 탓으로 돌리며 싸우고 있었어.

아들 병원에 갔어요?

아빠 학교에서 일어난 일이라 병원에는 가지 않았지만 그 후부터 항문이 안 좋았어. 치질도 그게 원인이 된 거 같아.

아들 얼마나 아팠을까요?

아빠 그 후 나는 의자에 앉을 때마다 누군가가 또 그런 장난을 칠 것 같은 생각에 불안했지. 불안은 또 다른 불안을 낳고, 하나의 불안이 없어지면 또 다른 불안이 고개를 쳐들고 괴롭혔다.

아들 얼마나 힘드셨어요?

아빠 학교에 가서도 공부에 집중이 안 되고 엉뚱한 생각만 했어. 교실에서 순간적으로 뛰어내리고 싶은 생각이 들어 창문 근처에 가는 것이 두려웠어.

아들 창문은 왜요?

아빠 창문이 두려운 이유는 내가 떨어질 수 있다는 위험 때문이 아니라 내가 언제라도 뛰어내리고 싶은 마음이 생길지도 모른다는 생각 때문이었지.

아들 그 정도로 심했어요?

아빠 그뿐이 아니었다. 내 주변에 칼이나 송곳과 같은 날카로운 물건이 있으면 불안했지.

아들 왜요?

아빠 이해가 안 되지?

아들 이해가 안 되는 건 아니에요. 저도 가끔 막연하게 불안할 때가 있으니까요.

아빠 불안한 이유는 내가 그 물건으로 자해할지도 모른다는 생각 때문이었지.

아들 아빠가 왜 자해를 해요?

아빠 지금 생각하면 너무 엉뚱한 생각인데, 그때는 그럴 가능성이 있다고 생각한 거야. 처음에는 생각으로 그친 게 나중에는 꼭 내가 자해를 한 것 같은 생각이 들어 힘들었어. 자꾸 그런 생각이 드니까 내가 정신이상이 아닌가 하고 생각한 적이 있었지.

아들 그래서 병원에 가봤어요?

아빠 안 갔어.

아들 왜요? 이상이 있으면 가야 되는 거 아니에요?

아빠 미친 사람 취급받는 게 싫었어. 그때는 자신의 정신에 이상
이 있을 수도 있다고 생각하는 사람은 이상 없는 사람이라
고 생각했지.

아들 아빠가 정신과 의사도 아닌데 어떻게 그렇게 생각할 수 있
어요?

아빠 치매 환자는 자신이 치매라는 사실을 인정하지 않고, 정신
이상자는 절대 자신이 이상자라고 인정하지 않지. 그때도
그 정도는 알았어.

아들 그런 게 언제쯤 괜찮아졌어요?

아빠 나도 나름대로 빠져나오기 위해 노력을 많이 했어. 다 시간
이 해결해주더라.

극복
걱정을 적은 종이를 봉투에 넣고 봉해보렴

아들 트라우마를 어떻게 극복할 수 있을까요?
저도 자주는 아니지만 자려고 누울 때 과거의 제 실수나 끔
찍한 기억들이 불현듯 떠오를 때가 있어요. 그럴 때는 가슴

이 두근거리고 잠도 잘 안 와요. 이것을 계속 외면해야 할까요? 아니면 어떤 조치를 취해야 하나요? 조치를 취한다면 어떤 조치를 해야 할까요?

아빠 막연하게 걱정만 해서는 쉽게 가라앉지 않아. 예전에 나는 이래서는 안 되겠다고 생각해서 걱정을 종이에 적었어. 적으면서 막연한 생각이 어느 정도 정리되더라. 실제 내가 걱정하는 게 생각보다 많지 않다는 생각이 들었어.

아들 그다음에는 어떻게 했어요?

아빠 적은 종이를 봉투에 넣어 봉했어. 봉투에 읽어야 되는 날짜를 적고 서랍에 넣어 잠갔어.

아들 그 봉투는 언제 읽었어요?

아빠 보통 1주일에서 2주일 정도 기간을 두었는데 처음에는 그 기간을 참지 못하고 열어보기도 했지만 나중에는 아예 뜯어보지도 않은 게 많았다.

아들 적어보니 어떤 생각이 들던가요?

아빠 내가 이런 사소한 일로 고민을 한다고 생각하니 한심하다는 생각이 들더구나.

아들 그렇게 적은 봉투가 몇 개나 되었나요?

아빠 세어보지는 않았지만 서랍의 반 정도는 채웠지.

아들 우와! 엄청 많았네요. 주로 어떤 것을 적었어요?

아빠 별거 없었어. 주로 건강과 인간관계 그리고 장래에 관한 것이었어.

아들 혹시 여자 문제는 없었나요?

아빠 있었지만 특정한 여자가 아니라 막연히 이성에 관한 것이었지. 주로 여자를 멀리하자는 내용이 많았지.

아들 가까이한 여자는 있었나요?

아빠 없었어. 그때는 학생이 이성 친구를 사귀는 분위기가 아니었거든.

아들 가까이한 여자도 없었는데 여자를 멀리하자는 것이 이해가 안 돼요.

아빠 그렇지? 나도 이해가 안 된다. 문득문득 떠오르는 여자에 대한 잡생각을 하지 말자는 것이었어.

아들 생각하지 말자고 해서 생각나지 않는다면 잡생각이 아니죠.

아빠 말 되네.

아들 나중에는 그 걱정종이를 어떻게 했어요?

아빠 처음에는 개봉기간에 맞춰 읽어보다가 너무 싱거워서 나중에는 읽어보지도 않고 다 태워버렸어.

아들 태우면서 어떤 생각이 들었어요?

아빠 내가 쓸데없는 것을 걱정하느라 너무 많은 시간을 낭비했다는 생각이 들었다. 지금 생각해도 그것이 후회돼.

아들 너무 후회하지 마세요. 그런 것이 다 피가 되고 살이 된 거 아니에요?

아빠 그렇다고 볼 수 있지. 그런 생각을 하는 걸 보니 너도 많이 컸구나.

아들 저는 아빠의 그런 것들이 헛되게 보낸 시간은 아니라고 생각해요.

아빠 그 바람에 없던 위장병도 나고 치질도 생겨 고생이 많았다.

아들 치질은 볼펜에 찔려서 생긴 거 아니에요?

아빠 정확한 건 모르겠지만 그 무렵에 치질이 생겼어. 차츰 쓸데 없는 걱정은 많이 줄었지만 불안한 것은 여전했지. 마흔이 되어서야 그때 그런 생각이 든 게 지극히 정상이라는 것을 알게 되었어.

아들 어떻게요?

아빠 우리의 신경시스템은 실제 경험과 생각을 구분하지 못한다 는 것을 너무 늦게 알게 되었어. 그걸 진작 알았어야 했는데 좀 아쉬웠지. 그러니까 한 것도 하지 않았을 거라 생각을 반 복하면 하지 않은 것처럼 느껴지고, 반면에 하지 않은 것도 했을 거라고 반복해서 생각하면 마치 한 것처럼 느껴지는 것이지. 이것을 알고는 나의 마음을 다스릴 수 있게 되었어.

아들 저도 그런 경험이 있었어요. 가스 밸브를 잠갔는데 잠그지 않았다고 생각하면 잠그지 않은 것 같아 견딜 수가 없는 거 있죠. 그래서 확인하면 아무 문제가 없거든요.

아빠 그걸 잘 말해주는 고사성어가 있어. '배중사영(盃中蛇影)'이 란 건데 잔 속의 뱀의 그림자란 뜻이지. 친구와 집에서 이야 기하면서 술잔에 있는 뱀을 그대로 마셨는데 그 후 병이 나 서 앓아누웠어. 나중에 확인해보니 그게 뱀이 아니라 벽에 걸린 활이 술잔에 비친 것이라는 것을 알고 씻은 듯이 나았 다는 이야긴데 많은 뜻을 내포하고 있어.

아들 저도 어릴 적에 그런 경험이 있어요. 수박을 먹으면서 씨를

삼켰는데 아빠가 제게 "뱃속에서 수박이 자란다"고 하여 무
서워서 운 적이 있어요.

아빠 맞다. 그때 그랬었지. 나는 네가 웃기려고 일부러 그런 줄
알았다. 그런 불안을 겪으면서 이 세상의 모든 불안은 마음
이 지어낸 환상이라는 것을 깨달았어.

아들 아픈 경험을 통해 큰 깨달음을 얻었네요.

위안
타인으로부터 자유로워질 수 있다면

아빠 우리 모두는 불안한 존재야. 그리고 모든 사람들은 나름대
로의 열등감을 가지고 있어. 지위가 높든 지식이 많든 예외
가 없어. 그래서 다른 사람들을 의식하게 되고 상대의 칭찬
과 위안에는 즐거워하고, 비난에는 상처를 받아.

아들 오프라인보다 SNS가 더 심해요. 아무리 익명이라고 하더라
도 노골적인 표현이나 비난의 글은 조심해야 할 거 같아요.

아빠 나도 몇 년 전에 KBS 라디오 프로그램에 한 시간 정도 나간
적이 있었어. 나중에 홈페이지에 들어가 보니 몇 명이 댓글
을 올렸더라.

아들 뭐라고 올렸어요?

아빠 좋았다는 사람도 있었지만 사투리가 심한 사람이 어떻게 이런 데 나왔느냐며 쓴소리를 하는 사람도 있었어.

아들 그 정도는 아무것도 아니네요.

아빠 그걸 보고 연예인의 마음을 알겠더라. 심하면 극단적인 선택을 할 수도 있겠다는 생각이 들었어. 다른 사람으로부터 어느 정도 자유로울 수 있다면 불안의 상당부분은 없어질 거야.

아들 우리나라 사람들이 유독 타인의 시선을 많이 의식하는 것 같아요.

아빠 유교의 양반문화, 체면문화의 영향인 것 같아. 남에 대해 말할 때는 이왕이면 좋게 말하는 것이 좋아.

아들 제가 전에 시험에 떨어졌을 때 아빠가 제게 해준 말씀이 정말 많은 위안이 되었어요.

아빠 내가 어떤 말을?

아들 "너의 꽃향기가 없는 것이 아니다. 아직 필 때가 되지 않았을 뿐이다" 라고 하신 말씀에 용기를 얻었어요. 또 한 번은 1.3점 차이로 떨어져 실망하고 있을 때 "그럼 너는 많은 점수 차로 떨어졌으면 좋겠냐? 이제 목표가 점점 가까워지고 있다고 생각해" 라고 하셨을 때 너무 큰 힘이 되었어요.

아빠 그 말이 많은 위안이 되었다니 다행이다. 커트라인이 목표가 되어서는 안 돼. 최소한 평균 이상을 목표로 해야 돼.

아들 물론이죠.

우리가 걱정하는 일의 96%는 내가 어찌할 수 없거나 하지 않아
도 될 쓸데없는 걱정이라는 얘기를 들었다.

지금의 나는 내 인생 중 가장 불안한 시기일 것이다. 지금 하는
걱정은 4%에 드는 것이라 생각한다. 수능 전날에도 꿀잠을 잤던
내가 요즘은 밤잠을 잘 이루지 못한다. 속절없이 늘어가는 나이
와 높은 취업 장벽, 그런 가운데에도 자리를 잡아 하나둘 결혼하
는 친구와 동기들을 보면 자다가도 심장이 쿵쿵 요동친다. 이럴
땐 아버지와의 대화가 큰 도움이 된다. 아버지가 내가 가지고 있
는 불안이나 고민거리에 대해 명쾌한 해답을 주는 것은 아니다.
애초에 해답이 존재하지도 않는 것이니까.

바뀐 것은 불안을 인정하고 직면하는 것이다. 불안하면 '불안하
구나' 하고 생각하고, 잠이 안 오면 억지로 잠을 청하며 괴로워하
기보다 잠이 올 때까지 책을 읽는다. 그러면 불안한 마음도 줄어
들고 잠도 오게 된다.

PART 7

죽음

아빠의
말

삶을 알기도 전에 죽음이라는 것과 맞닥뜨리게 된다.
죽음은 관념 속에만 존재할 뿐 경험할 수 없고,
아무리 애써도 알 수 없는 영역이다.
천국과 지옥은 있는 것인가,
영혼은 죽으면 윤회를 하는가,
운명은 태어날 때 정해지는 것인가,
나의 운명은 어떻게 될까?
정답은 없지만 이런 문제에 답하는 과정에서
삶은 더욱 진지해지고 단단해진다.

죽음
죽을 때도 유머를 할 수 있다면 얼마나 좋을까?

아들 노년이 되면 가장 두려운 게 뭘까요?

아빠 인생의 생로병사를 겪어야 하는 노년에게 무서운 것은 병과
     죽음이겠지.

아들 물론 그게 가장 큰 두려움이겠지만 외로움도 큰 두려움이
     아닐까요?

아빠 그렇겠지.

아들 아빠는 외로움을 잘 극복하실 거 같아요.

아빠 나이 들어서도 할 일이 있는 사람은 외롭지 않고, 외로워도
     극복할 수 있어.

아들 아빠는 책을 읽고 쓰는 작업을 계속하시니까 외로울 틈이
     없겠네요. 엄마도 지금처럼 글을 쓰고 여행하고 정원 일을
     하시면 마찬가지일 것 같아요.

아빠 나이가 드니 모든 것이 아름답다. 일출만 아름다운 것이 아

니라 지는 해도 아름다워. 학창 시절에는 비 오는 날을 싫어
했다. 바람 부는 날도 싫어했어.

아들 비 오면서 바람 부는 날은 엄청 싫어했겠네요.

아빠 그랬었지. 이제는 비 오는 날도 좋고 바람 부는 날도 좋아.
자연의 소리가 좋다.

아들 아빠는 죽음에 대해 어떻게 생각하세요?

아빠 너도 그런 것을 생각하는 나이가 되었구나. 꽃이 한 번 피면
지듯이 죽음은 반드시 오는 것이지. 피할 수가 없어.

아들 아빠는 죽음이 두렵지 않으세요?

아빠 두렵지만 피할 수 있는 방법이 없으니 어쩌겠니. 지금 이 순
간을 즐겁게 사는 수밖에 없지.

아들 만약 아빠께 마지막 순간이 오면 어떻게 하시겠어요?

아빠 지금 장담은 할 수 없지만 떨지는 않을 것 같다. 담담하게
받아들여야겠지. 저승사자가 찾아오면 기꺼이 가야지.

아들 아빠는 돌아가실 때도 개그를 하실 것 같아요.

아빠 죽을 때도 유머를 하고 죽을 수 있다면 얼마나 좋을까?

아들 어떤 유머를 하고 싶으세요?

아빠 지금 마음으로는 할 수 있을 것 같은데 장담은 못하지만 이
런 걸 마지막으로 하고 싶어.
"나 저승 갔다가 재미없으면 다시 올게."

아들 그러면 웃어야 하나요, 울어야 하나요?

아빠 울다가 웃다가 하겠지. 가끔 존재의 소멸에 대한 두려움이
파도처럼 몰려올 때가 있어.

아들 그럴 때는 어떻게 해요?

아빠 그냥 '내가 지금 두려움을 느끼고 있구나' 하고 알아차리면 덜 불안해. 나도 어느 유명한 스님에게 죽음이 두렵지 않느냐고 물은 적이 있어.

아들 스님이 뭐라고 대답했어요?

아빠 죽음이 전혀 두렵지 않다고 하더라. 나도 그런 경지에 한 번 가봤으면 좋겠어.

아들 스님이니까 그럴 수 있겠네요. 아빠는 사후세계가 있다고 생각하세요?

아빠 안 가봐서 모르지만 있다면 무의 세계일 거야.

아들 저는 죽음이 알 수 없는 세계지만 무언가 있는 것 같아요. 그렇다고 천당이나 지옥을 믿는 건 아니에요. 아빠는 나중에 묘비에 어떤 말을 쓰고 싶어요?

아빠 묘도 안 쓸 건데 묘비명이 뭐 필요해? 죽고 나서 그런 것을 쓰는 것이 무슨 의미가 있어?

아들 서양에는 유명한 사람들은 그런 것을 쓰던데요.

아빠 여기는 서양도 아니고 아빠는 유명한 사람도 아니다. 인생의 마지막에 하는 말을 지금 할 수 있다면 정말 마지막에는 말이 필요 없을 것이고, 묘비에 쓸 말을 지금 가슴에 쓸 수 있다면 묘에는 한 송이 꽃으로도 충분할 것이다.

윤회
인생은 결국 딱 한 번만 사는 것이란다

아들   윤회에 대해서는 어떻게 생각하세요?

아빠   불교와 힌두교에서는 있다고 하는데 그것도 모르겠다. 윤회
를 한다고 하더라도 전생을 기억하지 못하기 때문에 그때의
내가 지금의 나인 줄 모르는데 윤회가 무슨 의미가 있을까?
결국 딱 한 번만 사는 거라고 보면 돼.

아들   저는 연극배우가 무대에서 자신의 역할을 다하면 무대에서
물러나는 것처럼 사람도 이 세상에서 자신의 삶을 다 하면
다른 역할을 맡아 새로운 모습으로 다시 태어날 것 같아요.

아빠   너도 그런 생각을 많이 했구나. 고승들 중에는 전생을 기억
하는 스님들도 있어. 우리가 기억하지 못한다고 해서 없다
고 볼 수는 없지. 현각 스님, 알지?

아들   네, 하버드대 스님이죠.

아빠   스님이 애국가를 처음 들었을 때 그렇게 가슴이 뜨겁고 눈
물이 나더래. 식성도 완전 우리 스타일이어서 김치, 고추장,
된장찌개를 처음부터 좋아했대. 그의 스승인 숭산 스님의
말에 의하면 그가 전생에 조선의 독립군으로 일본군과 싸우
다가 죽었다는구나.

아들   외국사람 중에 한국음식 좋아하는 사람 많아요. 그가 애국

가를 좋아한다는 건 좀 특별한 느낌이 드네요.

아빠 불교에서 윤회사상이 가장 많이 남아있는 곳이 티베트다.

아들 달라이라마가 있는 곳이죠.

아빠 지금은 인도에 망명중이야. 달라이라마가 이름이 아닌 건 알고 있니?

아들 이름이 아니면 뭔가요?

아빠 교황, 추기경 같은 호칭이야. 달라이라마는 티베트의 실질적인 지도자이자 정신적 지주야. 14대째 내려오고 있는 지금의 달라이라마의 본명은 텐진가초야. 그곳 사람들은 달라이라마가 같은 영혼을 가진 사람이라고 생각해.

아들 진짜요?

아빠 윤회를 믿는 것이지.

아들 윤회를 한다고 하더라도 어떻게 그 사람인지 알 수 있어요?

아빠 달라이라마가 임종하기 전에 다시 태어날 지역을 유언으로 남겨. 그가 죽고 10개월이 지난 뒤부터 49일 이내에 해당 지역에 태어난 어린이 중에서 새 달라이라마를 선정한다.

아들 그 아이가 맞는지 어떻게 알아요?

아빠 혹시 모르기 때문에 그 지역에서 비슷한 시점에 태어난 남자 아이들을 데리고 와서 같이 키우면서 자세히 관찰해. 그중에서 유난히 생전의 달라이라마가 쓰던 물건을 좋아한다든지, 사람을 알아본다든지 하는 아이가 있대. 회의를 통해 그 아이를 달라이라마로 선정하는 것이지.

아들 700년 동안 같은 사람이 몸을 바꾸면서 윤회를 한다는 것이 신기해요.

아빠 그런 전통도 14대에서 끝날 것 같다.

아들 왜요?

아빠 달라이라마는 자신이 죽으면 15대는 중국공산당이 자신에게 협조적인 인물을 지정할 가능성이 높다고 보고 달라이라마의 윤회제도 자체를 끝내겠다고 했어.

아들 700년 전통이 없어지네요.

아빠 '메멘토 모리(Memento mori)'란 말을 들어봤지?

아들 '죽음을 기억하라'잖아요.

아빠 그렇지.

아들 자신의 죽음을 생각하면 어떤 생각이 들까요?

아빠 젊었을 때는 막연하게 생각했는데 나이를 먹어가면서 남은 시간이 길지 않다는 생각이 들지. 슬프다는 생각보다 '나에게 주어진 시간을 잘 쓰자'는 생각이 들면서 '지금 이 순간'의 소중함을 느끼게 되어 한순간도 놓치기가 아까워. 나도 너 같은 젊은 시절이 있었지만 언제 지나갔는지 모르게 시간이 흘러갔다. 살아보니 시간만큼 소중한 것이 없어. 그런데 또 사람들이 시간만큼 함부로 쓰는 게 없지.

아들 저도 이제 한창 나이는 지났어요.

아빠 그래서 아직 나한테 팔씨름이 안 되는구나.

아들 제가 봐드리는 거예요.

184

수용

죽음에 이르는 과정이 더 두려울 것 같아요

아빠 몇 년 전에 네 엄마와 〈해로〉라는 영화를 보았다. 영화가 시
작할 때 눈에 번쩍 띄는 자막이 나오더라.

아들 그게 뭔데요?

아빠 "삶과 죽음은 하나다. 왜냐하면 같은 주인에게서 나오기 때
문이다"라는 말이 나오는 거야.

아들 뭔가 느낌이 오네요.

아빠 더 놀란 것은 그 말을 미켈란젤로가 했다는 거야. 위대한 예
술가인 줄만 알았는데 그런 철학적인 말에 놀랐다.

아들 위대한 예술가가 되기까지는 그런 철학이 있어야 될 것 같
은데요.

아빠 맞아. 그는 그림이나 조각만 잘하는 것이 아니라 인문학에
대해서 상당히 조예가 깊은 사람이더라. 그러니까 위대한
작품이 나왔겠지.

아들 아빠와 함께 피렌체에서 느낀 미켈란젤로의 내공이 지금도
느껴져요.

아빠 사랑하고 마시고 즐기고 섹스를 하는 등의 인간이 하는 모
든 일은 어쩌면 죽음을 회피하기 위한 것일지도 몰라. 나는
우리가 죽음이 두렵다고 생각하는 것이 신의 장난에 속고

있는 것이 아닐까 하고 생각한 적이 있어. 어른들도 아이들
을 속이잖아.

아들 어떻게요?

아빠 물론 나쁘게 하려고 속이는 건 아니지만 결과적으로 속이
는 것이지. 예를 들면 불장난하면 자다가 오줌 싼다고 한다
든가, 크리스마스 때 산타할아버지가 착한 아이에게 선물을
준다든가 하는 것이지.

아들 속이는 것이 신의 뜻이라면 속아 넘어가는 게 신을 뜻을 따
르는 거잖아요.

아빠 삶은 힘들어도 사는 것이고, 죽음은 두려워도 받아들이는
것이야. 둘 다 같은 주인에게서 나온 건데 어떡하겠어?

아들 인간은 어차피 마지막에 죽음을 맞이하잖아요. 저는 죽음보
다는 죽음에 이르는 과정이 더 두려울 것 같아요. 병들고 아
픈 것도 무섭지만 나로 인해 힘들어할 가족을 생각하면 그
게 더 마음이 아플 것 같아요.

아빠 네 할머니가 입버릇처럼 "자는 듯이 가게 해 달라" 라고 하
신 말뜻을 이제 알겠어. 한평생 어떻게 공부를 했는지는 죽
음을 맞이하는 것을 보면 알 수 있다. 공부가 많이 된 사람
에게는 죽음 또한 특별한 일이 아니다. 그런 사람에게 죽음
이란 단지 계절의 순환이나 낡은 옷을 벗는 것에 지나지 않
는 것이지. 그런 까닭에 평상시와 다름없이 살다가 담담하
게 육신의 옷을 벗고 떠나는 거야.

아들 장자는 부인의 장례식에서도 노래를 부르고 춤을 췄다면서

요?

아빠 그는 죽음을 초월한 사람이지. 죽음은 자연으로 돌아가는 기(氣)의 순환이며, 인생은 한 편의 꿈과 같다는 것을 아는 사람이야. 삶은 죽음을 어떻게 보느냐에 따라 달라져. 인간을 영혼을 지닌 육체라고 생각하면 죽어 육신이 없어지는 게 슬프지만, 육체를 지닌 영혼이라고 생각하면 낡은 옷을 벗어 던지고 본래의 고향으로 돌아간다고 하면 덜 슬퍼질 거야.

아들 죽음을 생각하는 건 슬픈 일이지만 죽음이 있기에 삶이 있다고 생각하면 죽음이 반드시 슬픈 일만은 아닌 거 같아요. 저는 죽음을 생각할 때 《모리와 함께한 화요일》에 나오는 '작은 파도 이야기'가 생각나요.

아빠 마지막 장면이 떠오르는구나.

아들 부서지면서 비명을 지르는 파도에게 다른 파도가 "우리는 그냥 파도가 아냐. 바다의 일부라구" 하는 구절이 인상적이었어요.

아빠 자신을 파도로 보느냐, 바다의 일부로 보느냐에 따라 큰 차이가 나지. 사람도 마찬가지야.

아들 사람들은 타인의 죽음은 받아들이면서 자신은 죽지 않을 것처럼 살잖아요.

아빠 죽기 전까지는 살아있으니까. 나도 젊었을 때는 그랬는데 지금은 죽음이 멀리 있는 것이 아니라는 것을 느껴. 나의 친구나 같이 일하던 동료 중에 고인이 된 사람이 제법 있어. 죽음을 생각할 때 삶이 더 진지해지는 것 같아.

운명
운명이 정해져 있다면 노력할 필요가 없잖아요

아들 아빠는 운명이 있다고 생각하세요?

아빠 나는 운명론자는 아니지만 누구나 운명은 가지고 태어난다고 생각해.

아들 운명이 태어날 때부터 정해져 있다면 노력할 필요가 없겠네요.

아빠 그건 아니지.

아들 운명이 정해져 있는데 노력하면 뭘 해요? 잘살 운명을 가지고 태어난 사람은 노력하지 않아도 잘살 거고, 잘 못살 운명을 가진 사람은 노력해도 잘 못살 거 아니에요.

아빠 그렇게 생각하는 게 운명론자이지.

아들 운명을 믿는 것과 운명론자는 어떻게 달라요?

아빠 운명론자는 운명을 맹신하는 사람이야. 자신의 의지와 노력이 필요 없다고 생각하는 사람이지. 반면 운명을 믿는 사람은 자신의 운명이 어느 정도는 정해져 있다고 생각하지만 그것과는 별도로 자신의 길을 가려는 사람이지.

아들 아빠는 어느 쪽이에요?

아빠 나는 운명을 어느 정도 믿지만 운명론자는 아니야.

아들 운명과 숙명은 어떻게 달라요?

아빠 운명은 앞에서 날아오는 돌이고, 숙명은 뒤에서 날아오는 돌이라더라.

아들 그 말을 들으니 이해가 금방 되네요.

아빠 아빠도 그 말을 좋아해. 앞에서 날아오는 돌이라고 해서 다 피할 수 있는 것은 아니지만 자신의 의지로 어느 정도는 피할 수 있어. 예를 들면 천둥 번개가 치는 것은 어쩔 수 없지만 그런 날에 쇠꼬챙이를 들고 밖에 나가지 않는 것은 자신의 의지로 할 수 있는 일이지. 만약 운명이 있다면 자신의 운명을 아는 것이 좋을까, 모르는 것이 좋을까?

아들 모르는 것이 좋을 거 같아요.

아빠 그렇지. 자신이 언제 누구와 결혼하고 어디서 어떻게 살다가 몇 살에 죽는다는 것을 알면 재미없겠지. 운명에 대해 알려고 하지 말고 자신이 운명을 만든다고 생각하는 것이 더 나은 삶이 돼.

아들 알면 재미없겠지만 모르면 미래가 불안하잖아요. 아는 길을 가면 재미는 없지만 두려움도 없는데, 모르는 길은 재미는 있지만 불안할 때가 있어요.

아빠 오이디푸스 왕 이야기 알지?

아들 네, 그리스신화에서 봤어요. 그런데 기억이 가물가물해요.

아빠 아버지를 죽이고 어머니를 범할 것이라는 운명을 가진 그는 태어나자마자 산에 버려졌어. 그러다 어느 목동의 손에 발견되어 이웃 나라의 왕자로 자라게 되는데, 자신의 출생의 비밀과 운명을 알게 되지. 이것이 불행의 씨앗이었어. 신의 운명을 몰랐다면 그곳에서 왕이 되었을지도 모르는데 자신의 운명을 알게 되자 자신에게 씌워진 끔찍한 운명의 틀에서 벗어나기 위해 다른 나라로 간 거야. 그러다 세 갈래 길에서 마차와 마주치게 되어 실랑이를 한 끝에 마부를 죽이고 그 안에 타고 있던 얼굴도 모르는 친아버지를 죽였어. 가던 길에서 스핑크스가 낸 수수께끼를 풀어 결국 자신의 친아버지가 다스리던 나라의 왕이 되었지. 그 나라 왕비가 자신의 어머니라는 사실을 알 리가 없는 그는 왕비인 친어머니와의 사이에 자식까지 낳았어. 나중에 이 사실을 안 그는 스스로 진실을 보지 못한 자신의 두 눈을 뽑았고, 왕비도 자결을 하는 슬픈 이야기로 끝을 맺지.

아들 만약 오이디푸스가 자신의 운명을 몰랐다면 어떻게 되었을까요?

아빠 만약 그걸 몰랐다면 친아버지를 죽이는 일은 없었겠지. 하지만 결국 자신의 운명을 알게 되고 운명적인 일을 저지르는 것이 그의 운명이었겠지.

아들 결국 운명은 피할 수 없는 건가요?

아빠 물에 빠져 죽을 운을 타고 난 사람은 집에 있어도 물에 빠져 죽는다는구나.

아들 집에 있는 사람이 어떻게 물에 빠져 죽어요?

아빠 벽에 물수(水)자를 써놓고 죽는다더라.

아들 그건 말도 안 되는 것 같아요.

아빠 어느 주역 대가께 비슷한 걸 물어봤어.

아들 그랬더니요?

아빠 그분의 대답도 우리가 이야기한 것과 같았어. 사람이 태어날 때 운명이 결정되지만 그 폭이 넓어서 개인의 노력으로 얼마든지 자신의 삶을 바꿀 수 있다고 하더라.

아들 그런 말은 대가가 아니라도 할 수 있는 말 아닌가요?

아빠 우리도 할 수 있는 말이지만 고수의 입을 통해서 나오는 말에는 힘이 실리는 법이지.

아들 그러니까 큰 틀은 정해지는데 그 틀 안에서 움직이는 것은 노력에 따라 달라질 수 있다는 거죠?

아빠 그렇지. 내가 어느 스님에게도 물어봤어.

아들 어떤 걸요?

아빠 인간의 운명이 태어날 때부터 정해진다면 운명이 각기 다른 사람들이 타고 있는 비행기나 배 사고로 한날한시에 죽는 것은 어떤 이유인가를 물었지.

　스님 이야기는 큰 사고로 같은 운명을 맞이하는 사람들은 대개 사주를 보면 비슷한 운명을 가진 사람이라는 거야. 죽을 운명이 아니라면 그 사람은 시간에 늦거나 몸이 안 좋아서 그 비행기를 타지 못했을 거라는 거야.

아들 그 말은 결국 운명은 결정되어 있다는 거잖아요.

아빠 반드시 그렇지만은 않아. 배가 침몰한다고 다 죽는 것은 아니야. 누군가는 구조되는 사람도 있어.

아들 운명이란 참 알 수가 없군요.

아빠 스님 말씀은 사람의 운명이 95퍼센트는 정해져 있다는 거야.

아들 그러면 5퍼센트는 뭔데요?

아빠 나머지 5퍼센트가 우리가 자유의지로 할 수 있는 공간이래.

아들 정말 얼마 안 되네요. 5퍼센트 가지고 뭘 하겠어요?

아빠 잘 들어봐. 자동차로 비유를 한다면 스펙의 95퍼센트는 이미 정해져 있어. 누구는 에쿠스, 누구는 모닝, 이런 식으로. 차종을 바꿀 수는 없다는 것이지. 그런데 5퍼센트가 핸들이래.

아들 차가 정해져 있다면 끝난 거지 핸들이 뭐가 중요해요?

아빠 그게 아니지. 차는 정해져 있지만 어디로 가는가를 결정하는 것은 핸들이지. 핸들을 어떻게 돌리느냐에 따라 사고가 날 수도 있고, 안전운행을 할 수도 있지. 경치 좋은 곳으로 드라이브하는 것도 핸들을 돌리기 나름이거든.

아들 듣고 보니 그럴듯해요.
    사람의 운명이 바뀌는 경우도 있을까요?

아빠 운명은 바뀌지 않지. 바뀌면 운명이라고 하지 않겠지. 그러나 가끔 변하는 경우가 있긴 해.

아들 어떤 경우요?

아빠 보통 두 가지 경우가 있는데 엄청난 불행을 겪거나 아니면 스스로 변하려고 마음을 먹고 있는데 외부에서 자극이나 정보를 받았을 때는 바뀐다.
    그 사람의 운명은 그 사람의 생각일지도 모른다는 생각이 들어. 생각이 모이면 성격이 되고 성격이 곧 운명인 것 같아. "운명과 심성은 하나의 개념에 붙여진 두 개의 이름이다"라는 말을 들어봤니?

아들 그런 말은 처음인데 그 비슷한 말을 들어봤어요.

아빠 어떤 말?

아들 생각이 행동을 만들고, 행동이 습관을 만들고, 습관이 운명을 만든다는 말이요.

아빠 결국 같은 말이다. 심성(心性)이란 결국 마음과 성격이야. 우리가 모르는 그 어떤 것에 대해서는 어찌할 수 있는 방법이 없다. 그런 것을 위해 사람들은 기도를 하지만 응답이 있는지 알 수도 없다. 확실한 응답은 기도를 하면서 스스로 답을 얻거나 마음을 다스릴 수 있다는 거야.

아들 아빠의 말씀은 운명이란 것이 있지만 삶에 대한 자신의 의지와 노력이 중요하다는 것이지요?

아빠 역시 아들이 핵심을 잘 잡고 있구나.

미신
귀신은 있다고 생각하세요?

아들 아빠는 미신을 믿으세요?

아빠 믿지는 않지만 그렇다고 부정하는 것도 아니다. 정말 믿을 수도 안 믿을 수도 없는 것이 미신이다. 만약 미신이 완전히 엉터리라면 지금까지 오면서 다 없어졌겠지.

아들 화성에 우주탐사선이 가는 시대에 미신을 믿는다는 건 너무 비과학적인 것 같아요.

아빠 세상일이 과학으로 증명이 안 되는 것도 있단다. 오래 전에, 10년도 더 지난 일인데 네 할머니와 엄마와 함께 용하다고 소문난 점집에 간 적이 있었다.

아들 아빠가 그런 데를 갔어요?

아빠 하도 용하다고 해서 한 번 가봤어. 이름과 생년월일 그리고 태어난 시(時)를 넣으니 너무 잘 맞추더라. 족집게로 집어내 듯이 너무 잘 맞추어 놀랐어.

아들 아빠가 얘기한 거 아니에요?

아빠 아니야. 조금의 힌트도 주지 않았어. 그런데도 네 엄마가 선생인 것도 알고, 둘째가 외국에 있는 것도 다 알아. 그렇게 용한 사람이 할머니가 80세에 돌아가신다는 거야. 그 순간 할머니 얼굴을 보니 표정이 좋지 않았어. 돌아오는 길에도 계속 좋지 않아서 내가 다 믿지 마시라고 했지만 너무 잘 맞추는 사람이 그런 말을 하니 나도 찜찜한 마음이었어. 그러다가 잊고 있었는데 2년 후 설 전날 할머니가 현관문에 부딪치면서 넘어져 머리와 척추를 크게 다친 적이 있었지. 할머니가 이틀만 지나 설만 쇠면 딱 여든이 되는데 그날 사고를 당한 것이지.

아들 네, 기억나요. 그때 정말 할머니가 돌아가시는 줄 알았어요.

아빠 회복되어 다행이었지만 그 사고로 돌아가실 운명이었는데 운이 좋았던 거라고 생각해.

아들 결국 그 점쟁이가 잘 맞춘 거라고 봐야 되겠네요.

아빠 그래서 미신을 믿을 수도, 안 믿을 수도 없다고 하는 거야. 사주(四柱)도 마찬가지야. 네 엄마와 맞선을 보던 무렵 다른 아가씨와 선을 본 적이 있어. 네 할아버지가 그런 걸 잘 믿지는 않는데 중대사를 앞두고 두 사람의 궁합을 보았어.

아들 어떻게 나왔어요?

아빠 두 사람의 생일과 난 시(時)만 넣었을 뿐인데 마치 사람을 앞에 두고 보면서 이야기하듯이 너무 잘 맞추는 걸 보고 놀랐어. 명리학은 학문이자 과학인 것 같아.

아들 귀신은 있다고 생각하세요?

아빠 귀신도 마찬가지다. 눈에 안 보인다고 해서 없다고 볼 수는 없지.

아들 무당이나 도사의 눈에는 보인다고 하던데요.

아빠 초능력을 가진 사람들도 있겠지. 귀신이 있다고 하더라도 모든 귀신이 다 무서운 것은 아니라고 생각해. 산발(散髮)을 하고 피를 흘리는 모습은 영화나 드라마에서 그렇게 만든 것이지 실제는 그렇지 않다고 생각해. 아빠가 어렸을 때는 귀신 나오는 영화나 드라마가 많았어. 〈전설의 고향〉이라는 프로그램에 그런 게 많이 나왔지. 운명 이야기 하다가 귀신 이야기로 벗어났네.

아들 세상에는 알 수 없는 것들이 너무 많아요.

아들의
생각

살면서 아는 것이 많을수록 모르는 것도 그만큼 많아진다.
삶은 한 번 뿐인가, 죽으면 윤회는 하는 것인가?
운명은 있는가, 있다면 인간의 노력은 필요 없는 것인가?
이런 것들에 대한 의문에 답을 찾기 위해 애써보지만 알 수가 없다.
현재 경험하고 있는 삶도 모르는데, 경험할 수 없는 죽음을 인간
이 어떻게 알 수 있단 말인가.
인간이 자신의 운명을 안다면 삶이 더 나아질 것인가?
운명이 정해져 있다고 하더라도 모르는 것이 더 낫지 않을까?
인간은 내일을 모르기 때문에 불안을 안고 살게 되고, 내일은 오
늘보다 더 나아질 것이라는 믿음으로 하루하루 최선을 다하며
살아가고 있는 존재가 아닐까 생각한다.
미지의 것에 명쾌한 답을 내놓을 수는 없지만 그런 것이 많아진
다는 것은 나의 사고의 영역이 그만큼 넓어진다는 것이 아닐까.

PART 8

사회

아빠의
말

정치는 우리의 삶이고 종교는 정신이다.
이 두 가지에 대해서는 말하지 말라고 했다.
흐르지 않는 물은 썩기 쉽고
말하지 않는 것은 독단으로 흐르기 쉽다.
국민의 수준이 정치지도자의 수준이고,
신도(信徒)의 수준이 종교지도자의 수준이다.
말할 수 없는 것에 침묵을 지키는 게 옳은가,
말을 함으로써 극단으로 가는 것을 막는 게 옳은가?

정치

다음 선거에서 찍을 사람이 없어요

아빠 현 정권에 대해 어떻게 생각하니?

아들 정치와 종교 이야기는 하지 말랬어요. 부자 간에도 정치 이
야기 하면 안 된대요.

아빠 그런 말을 그대로 믿지 마라. 나는 그 말을 싫어한다. 종교
에 대해서도 이제는 말할 수 있어야 돼. 종교는 자신의 정신
세계이자 신념인데 어떻게 말도 못하게 하지? 정치는 우리
의 삶이야. 말도 못하게 해서는 안 되는 거야.

아들 그런 이야기를 하면 안 좋게 끝나니까 그런 말이 있겠죠?

아빠 그렇기도 하겠지만 그건 권력을 가진 자들이 민초들의 눈과
귀를 막기 위한 말이라 생각해. 이야기하다 싸우면 토론하
는 방법을 배워야지 무조건 못 하게 하는 건 좋은 방법이 아
니라고 생각해. 그건 물이 위험하다고 해서 물에 가지 말라
는 것과 같아. 그럴 게 아니라 수영을 가르쳐야지.

아들 아빠는 엄마하고 정치 이야기 잘 안 하죠?

아빠 엄마가 잘 안 하려고 해. 지금까지 대선이나 총선에서 같은 사람을 찍은 적이 한 번도 없었어.

아들 "정치는 우리의 삶"이라는 말씀은 맞는 것 같아요. 최근에 그런 걸 무척 많이 느꼈어요.

아빠 "모든 국민은 자신들의 수준에 맞는 정부를 가진다"는 말이 있어.

아들 그럼 우리 국민의 수준이 낮다는 말씀인가요? 저는 거기에 동의할 수 없어요. 처음에는 괜찮다 생각해서 뽑았는데 시간이 지날수록 실망이에요. 개인적으로 보면 똑똑한 사람이 그 물에 들어가면 다 그 나물에 그 밥이 되는 것 같아요.

아빠 원래 그것 밖에 안 되었는데 사람들이 착각한 건 아닐까?

아들 쓰레기차 피하려다가 똥차에 치인 기분이에요. 지금 돌아가는 걸 보니 다음에도 기대하기 어려울 것 같아요. 다음 선거에서 찍을 사람이 없으면 차라리 기권하고 말겠어요.

아빠 그래도 투표는 해야지. 투표는 국민의 권리이자 의무니까.

아들 잘 익었다 싶어 고르고 나면 썩은 과일이에요.

아빠 투표는 가장 잘 익은 과일을 고르는 것이 아니라 조금이라도 덜 썩은 과일을 고르는 것이다.

아들 아빠는 지금 청년 실업자들이 얼마나 많은지 아세요?

아빠 실업률이 10퍼센트 가까이 되지?

아들 9.5퍼센트예요. 통계는 숫자에 불과해요. 체감실업률은 그보다 훨씬 심각해요. 제 친구들 중에 취업한 사람보다 취준

생이 훨씬 더 많아요. 요즘에는 알바 자리 구하는 것도 어려
워요.

아빠 "그래도 열심히 하라"고만 말할 수도 없구나.

아들 제 주변에 열심히 안 사는 친구가 없어요. 게을러서 안 되는
것은 본인 책임이지만 열심히 해도 안 되는 것은 사회가 문
제예요.

아빠 네 말이 맞다. 사자를 가축으로 길들이지 못하는 것은 사자
의 야성 때문이지만 양(羊)을 가축으로 길들이지 못하는 것
은 목동의 책임이지.

아들 멋진 비유예요. 다음 선거에서는 목동을 잘 뽑아야겠어요.
지금 목동이 들판으로 가는지 바다로 가는지 모르겠어요.

리더십
살아보니 유비보다 조조가 더 좋더라

아빠 정치가 한꺼번에 바뀌기를 기대하기는 힘들지만 좌와 우를
왔다갔다 하면서 앞으로 나아가는 것이 역사의 수레바퀴라
생각해.

아들 그건 맞지만 너무 한쪽으로 치우치는 게 문제예요. 지금 우
리 사회의 가장 큰 문제가 뭔지 아세요?

아빠 갈등과 분열 아니냐?

아들 네, 맞아요. 사람 사는 곳에 갈등은 항상 있어 왔지만 지금은 그 도를 지나친 것 같아요.

아빠 같은 사람과 사건을 두고 어떻게 이렇게 생각이 다른지 모르겠어. 갈등을 해소시켜야 할 정치인들이 더 갈등을 부추기고 있는 것이 현실이야. 링컨이나 처칠 같은 리더십을 가진 지도자가 부럽다.

아들 우리는 왜 그런 정치지도자들이 없을까요?

아빠 우리는 아직 민주주의의 역사가 짧아 지금 여러 가지 시행착오를 겪고 있지만 이런 과정을 겪으면서 발전할 거라고 생각해. 우리나라 정치지도자들을 보면 항상 아쉬운 것이 말의 품격이라 생각해. 말은 그 사람의 그릇인데 말에 품격이 없어. 링컨과 처칠의 연설문을 한번 봐.

아들 링컨과 처칠의 연설은 너무나 유명하죠.

아빠 케티즈버그 연설은 2분짜리였지만 최고의 명연설이었으며, 처칠의 "절대 포기하지 마라" 그 연설은 가장 짧은 연설이었지만 최고의 감동과 용기를 주었어. 게다가 처칠이 쓴 《제2차 세계대전》은 노벨문학상까지 받은 작품이지.

아들 노벨평화상이 아니라 문학상이었어요?

아빠 노벨평화상으로 알고 있는 사람들이 많지. 읽어보지는 않았지만 다큐가 문학성까지 있었나 봐. 그런 연설도 유명하지만 두 사람의 공통점은 유머야. 두 사람 다 외모는 그렇게 안 보이는데 유머 감각이 뛰어났어. 불행하게도 우리나라 정치인들 중에는 그런 고품격 유머를 하는 사람들을 보지 못했어.

아들 우리나라도 유머 있는 지도자가 나왔으면 좋겠어요.

아빠 유머 감각은 대통령의 리더십에서 필수야. 미국에서는 능력이 아무리 뛰어나도 유머 감각이 없으면 대통령이 될 수 없어. 유머를 모르는 대통령은 국민을 웃게 할 수 없고, 국민을 웃게 하지 못하는 대통령은 국민을 행복하게 하는 정치를 할 수 없다는 거지.

아들 우리나라는 정치인들이 개그맨보다 더 웃겨요.

아빠 그래서 개콘이 없어졌나?

아들 유머는 자신감과 여유가 있어야 나오는 데 우리나라 정치인들은 말만 하면 편가르기 하고 싸우는데 유머가 어떻게 나오겠어요? 정치인들이 선거 때만 고개를 숙이지 평소에는 국민을 두렵게 생각하지 않는 것 같아요. 정말 국민을 위한 고민을 하는 게 아니라 자신들의 이익만 생각하는 거 같아요. 리더의 자질에서 가장 중요한 것은 뭘까요?

아빠 첫째가 전문성이고, 둘째가 도덕성이야.

아들 저는 도덕성이 먼저라고 생각해요. 전문성은 필요한 곳에 전문가를 임명하여 쓰면 되지만 지도자가 부패하면 다 썩어요.

아빠 네 말도 맞지만 사람은 자기와 코드가 맞고 자기 수준에 맞는 사람을 쓰게 되어 있어.

아들 둘 다 갖춘 사람이 과연 얼마나 될까요?

아빠 하나도 갖추기 어려운데 둘 다 갖추기란 무척 힘든 일이지.

그러니까 리더가 되는 것이 쉬운 일이 아니지.

아들 아빠는 삼국지에서 어떤 인물을 좋아하세요?

아빠 처음에는 유비를 좋아했는데 살아보니 조조가 더 좋더라.
특히 난세에는 조조 같은 리더가 필요해.

아들 저도 유비가 마음에 안 들어요. 사람은 좋은 것 같은데 우유
부단해서 싫어요. 그런 사람은 존경을 받을 수는 있지만 큰
일은 못 할 것 같아요.

아빠 그러니까 제갈공명 같은 책사를 두고도 삼국을 통일 못 했
지. 조조도 삼국통일을 못 하고 결국 통일을 한 사람은 조조
밑에 있던 사마의의 손자 사마염이었어.
리더가 전문성을 갖추면 유능한 리더가 되고, 전문성에 도
덕성까지 겸비하면 위대한 리더가 될 수 있어.

아들 아빠가 리더가 된다면 어떤 리더가 되고 싶어요?

아빠 먼저 전문성부터 갖추어야겠지. 전문성도 없으면서 도덕성
만 갖추면 자칫 무능한 리더로 비칠 수 있어.

아들 아빠가 리더십에 관심을 처음 가진 건 언제부터예요?

아빠 초등학교 6학년 때부터다.

아들 무슨 계기가 있었나요?

아빠 전교 어린이회장을 하면서 처음 하는 거라 무엇을 어떻게
해야 하는지 몰랐다. 할아버지께 물어볼 수도 없고 아빠가
장남이라 물어볼 형도 없었어.

아들 그래서 어떻게 했어요?

아빠 가까운 서점에 가서 책을 보고 하나씩 배웠어.

아들 주로 어떤 책을 보셨어요?

아빠 위인들의 전기를 통해 리더십을 배웠는데 가장 기억에 남는 사람은 링컨이었어. 링컨이 유머가 많은 사람이란 것도 그때 알았지. 역시 필요해서 배우는 건 확실한 공부가 되더라.

아들 우리는 언제 그런 리더가 나올까요?

아빠 국민의 수준만큼 되겠지. 군주민수(君舟民水)란 말이 있어. '군주가 배라면 백성은 물'이라는 말이다. 물은 배를 뜨게 하지만 그 물이 배를 뒤엎기도 하지.

아들 그 말은 맹자가 한 말이에요?

아빠 맹자가 아니라 순자다.

아들 배가 문제가 있으면 성난 물이 뒤집어버려려야 해요.

아빠 뒤집는 방법이 투표를 잘하는 거야. 다음에는 정신 차리자.

좌우
진보와 보수를 쉽게 알 수 있는 방법이 있나요?

아들 정치를 보면 좌파와 우파, 진보와 보수로 나누는데 그 기준이 뭔가요?

아빠 진보진영을 좌파, 보수진영을 우파로 칭하는데 우리나라는 진정한 진보도, 진정한 보수도 없어.

아들　진보와 보수를 쉽게 알 수 있는 방법이 있나요?

아빠　다 그런 건 아니지만 가장 쉬운 것은 이승만과 박정희를 어떻게 생각하느냐를 보면 알 수 있어.

아들　그럼 아빠는 보수네요.

아빠　나도 살아오면서 바뀌더라.

아들　어떻게요?

아빠　안보는 보수로, 경제는 진보로. 처칠은 "20대에 진보가 아니면 심장이 없는 것이고, 40대에도 진보로 계속 남아있으면 머리가 없는 것이다"라고 했어.

아들　역시 정치인들은 말을 쉽고도 선명하게 하는군요.

아빠　정치인은 말이 생명이야. "정직하면서 머리가 좋은 사람은 좌파가 될 수 없다"는 말도 있어.

아들　그건 누가 한 말이에요?

아빠　프랑스 사람인데 이름은 모르겠어. 나이를 먹으면 이해는 잘 되는데 기억을 못 하겠어. 사람이 중요한 게 아니라 말뜻이 중요해.

아들　그럼 아빠는 뭐예요?

아빠　알아서 판단해. 정직한 건 맞는데 머리가 좋은지는 모르겠어. 머리가 큰 건 확실하지.

아들　진보는 분배, 보수는 성장이잖아요?

아빠　그렇지. 진보는 다수에게 돈을 풀자고 하고, 보수는 대기업에 돈을 풀어 파이를 더 크게 만들자고 하지.

아들　서민들을 위한 정책을 펴는 진보진영에서 정권을 잡았는데 왜 이렇게 서민들이 힘들고 부동산은 왜 이렇게 폭등하나요?

아빠　자본주의는 자유와 시장경제가 작동하는 것인데 시장의 원리를 무시하고 정책으로 잡으려고 하니까 그래.

아들　잘못된 정책은 바꾸면 되고 진보가 보수보다 상대적으로 도덕적이라 생각했는데 지금 관료들을 보니 그렇지도 않은 것 같아요.

아빠　정책이 잘못되었다고 생각하지 않으니까 그게 더 큰 문제지. 진보가 민주화운동을 할 때는 선명성도 있었고 도덕적이었지만 지금은 이미 기득권이 되어 있어 기대하기 힘들어.

아들　그래서 강남 좌파라는 말이 있잖아요.

아빠　수신(修身)이 안 된 사람이 정권을 잡았으니 잘 안 되는 거지. 혁명하려는 사람이 괴물이 되어서는 안 되는데 권력에 취해 자신이 그렇게 되는 것도 모르고 칼을 휘두르다 보면 결국 불행한 길을 걷게 돼. 역사는 반복해. 악순환의 고리를 끊어야 하는데 쉽지 않을 것 같다.

아들　다음 선거는 잘해야 될 텐데 사람이 안 보여요.

아빠　다음에는 최선이 아니더라도 최악은 피했으면 좋겠다. 어쩌면 우리가 생각하는 것 이상의 새로운 바람이 불어올 수도 있어.

종교

기도를 하면 신이 들어줄까요?

아들 기도를 하면 신이 기도를 들어준다고 생각하세요?

아빠 신이 기도를 한다고 들어주고 안 한다고 들어주지 않는 그런 존재는 아니라고 봐.

아들 그러면 사람들이 왜 기도를 할까요?

아빠 그건 기도를 통해 마음의 위안과 평안을 얻을 수 있기 때문이지.

아들 엄마는 매일 기도하던데 아빠는 왜 그렇게 생각하세요?

아빠 사람마다 다르지. 절대자에게 의지해서 위안을 얻는 사람이 있고, 스스로 힘을 내기 위해 애쓰는 사람이 있어. 아빠는 후자야.

아들 절대자에게 의지하든 스스로 노력하든 간절히 원하면 이루어낼 수 있나요?

아빠 간절히 원하면 이루어지는 것도 있지만 그렇지 않은 것도 있어. 간절히 원하기만 한다고 해서 이루어진다면 모두가 기도만 하고 있으면 되겠네.

아들 인디언 기우제라는 말도 있잖아요?

아빠 난 그런 걸 별로 좋아하지 않아. 비가 안 오면 지하수를 파든가, 아니면 인공강우를 시도해야지 기우제를 지낸다고 비

210

가 오냐?

아들 아빠는 확실히 현실주의자예요.

아빠 그렇다고 땅 위만 보고 별을 보지 않는 건 아니야. 꿈은 가지되 현실에 뿌리를 내리자는 것이지.

아들 맞아요. 디오게네스도 별을 보고 걷다가 우물에 빠진 적이 있어요.

아빠 네게 종교를 물려주지 못해 미안하다. 네 엄마도 그 점에 대해 유감으로 생각하더라.

아들 아니에요. 종교는 자신이 선택해야죠.

아빠 부모가 자식에게 모태신앙을 물려주는 것이 좋지 않나?

아들 그건 부모가 자식에게 배우자를 정해주는 것과 같아요. 평생 같이 살 짝도 자신이 선택해야 하듯이 종교도 자신이 선택하는 것이 좋아요. 부모가 정해주면 우선에는 좋을지 몰라도 자신과 맞지 않으면 갈등이 많을 것 같아요.

아빠 네가 그렇게 생각한다면 다행이다.

아들 지금은 종교가 없지만 앞으로 제가 선택할게요. 만약 종교를 갖지 않는다고 해도 그게 저의 종교관이에요.

아빠 종교를 갖는 것도 계기가 있어야 되는 것 같아. 서두를 필요는 없지만 자연스럽게 마음 가는 대로 가다 보면 그 길이 네게 맞는 길이다.

종교의 선택도 그 사람의 기질과 가치관이 영향을 주지.

아들 친구 따라 크리스마스 때 교회에 간 적이 있어요. 평소 위험한 곳에 가서 선교를 하는 개신교를 부정적으로 봤는데 그

교회에서 사람들이 춤추고 노래하면서 행복해하는 얼굴을 보니 왜 종교를 가지는지 알겠더라고요. 그 순간은 제가 종교관이 뚜렷하지 않은 게 원망스러웠어요.

아빠 종교를 가져서 행복하다면 그게 종교의 존재 이유지. 또 종교가 굳이 필요 없다고 생각하면 그대로 살아도 돼.

아들 종교가 지배했던 중세를 암흑의 천년으로 말하지만 어쩌면 모든 것이 신으로 통했던 그 시절이 더 행복했을 수도 있었겠네요.

아빠 니체가 "신은 죽었다"고 말하고 나서부터 인간은 자신의 운명을 스스로 책임져야 하는 존재가 되었어. 산타가 있다고 생각한 어린 시절의 크리스마스와 없다는 것을 안 지금의 크리스마스를 생각하면 알 수 있겠지.

아들 산타가 있다고 생각하는 것이 크리스마스가 즐겁겠죠.

아빠 종교도 그런 차원에서 보면 돼.

진화론
많이 공부하면 신의 존재를 믿게 될까요?

아들 《만들어진 신》이란 책을 읽어보셨죠?

아빠 리차드 도킨스, 읽었어. 신의 존재는 인간의 상상에 불과하다고 했지.

아들 도킨스는 "과연 신이 인간을 만들었을까?" 라고 말하며 창조
론을 믿지 않았어요. 아빠 생각은 어때요?

아빠 창조론은 신화에 가깝고, 진화론은 과학에 가까워. 진화론
을 뒷받침하는 증거는 수없이 많아. 그는 생물학자이기 때
문에 인간의 진화를 누구보다 더 잘 알지. 진화가 어떻게 진
행되느냐를 설명하면서 그는 이것을 '자연의 선택'이라고 말
했어. 그러면 자연의 선택은 우연인지, 아니면 절대적인 힘
을 가진 설계자가 있는지, 있다면 어떤 의도로 선택했는지에
대한 설명이 부족했어. 그가 '자연의 선택'이라고 말한 자연
이 신일 수도 있어. 물론 종교에서 말하는 그런 신과는 달라.

아들 저도 창조론을 믿지 않아요. 인간의 역사가 6천년 밖에 안
된다는 것이 말이 돼요? 그렇다고 과학자들이 말하는 빅뱅
이론도 어려운 물리학을 동원해서 설명하는데 이해가 안 돼
요. 그건 마치 인쇄소가 폭발해서 우연히 백과사전이 만들
어졌다고 하는 것과 같아요.

아빠 나도 창조론은 믿지 않는다. 인간이 6천년 전에 도시국가를
건설하고 살았다는 증거가 차고 넘치는데 어떻게 그때 신이
인간을 창조했다고 할 수 있나? 그리고 대폭발로 이렇게 거
대하고 아름다운 우주가 만들어졌다면 이건 우연이 아니라
바로 신의 섭리가 아닐까 생각해.

아들 한 번의 빅뱅으로 어떻게 이 거대한 우주를 만들 수 있나요?
빅뱅이 있기 전에는 우주는 없었을까요?

아빠 그러니까 빅뱅도 믿지 못하는 것 아니겠니? 우주는 지금도 폭발하고 있어. 계속 진행 중이야.

아들 그래서 과학을 조금 공부하면 무신론자가 되고 더 많이 공부하면 신의 존재를 믿게 되나 봐요.

아빠 인간의 지성이 아무리 발전해도 겨우 우주 신비의 4퍼센트 정도밖에 안 돼. 우리가 모른다고 해서 부정할 수는 없다고 봐. 도킨스는 종교를 '거짓에 위안 받는 것'으로 비유를 했지만 그게 꼭 나쁜 건 아니야. 복잡하고 불안한 세상에서 사람들이 마음의 위안을 받을 곳이 있다면 그게 진실보다 더 나을 수도 있다고 생각해.

경전
문자 그대로 보면 안 된다

아들 종교가 필요한 건 맞지만 종교의 문제점도 많다고 생각해요. 아빠는 종교의 문제가 뭐라고 생각해요?

아빠 가장 큰 문제는 다른 종교에 대해 배타적인 것이지. 자신의 종교만 옳고 다른 종교는 인정을 안 하는 게 문제야. 독일의 막스 뮐러는 "하나만 아는 사람은 그 하나도 모른다"고 했어. 자신의 정체성을 타자와의 관계 속에서 알 수 있듯이 자기 종교의 이해는 타 종교의 이해 없이는 불가능해. 우리가 '사랑'이라는 것을 수많은 언어로 부르고 있지만 결국 하나의 의미를 말하는 것처럼 세상에 종교가 많지만 결국 신과 사랑을 다르게 표현한 것에 불과해.

아들 시간을 보기 위해 수많은 종류의 시계가 있듯이 신을 보기 위해 수많은 종류의 종교가 있을 뿐이죠.

아빠 너도 비유의 달인이 다 됐구나.

아들 피는 못 속이죠.

아빠 기독교와 불교가 통하는 게 별로 없는 줄 알았는데 있더라.

아들 어떤 면에서요?

아빠 예수님이 말한 "하나님의 나라는 너희 안에 있다"는 뜻은 부처님이 말한 '일체중생 개유불성(一切衆生 皆有佛性)', 즉 일체중생이 다 불성이 있으니 네 안에서 불성을 찾으라는 말과 다 같은 뜻이야.

아들 저는 '개유불성'이라고 해서 개(犬)에게도 불성이 있다는 말인 줄 알았어요.

아빠 그것도 맞는 말이야. 불교에서는 모든 중생에게 불성이 있고 심지어 개에게도 불성이 있다고 말하지. 그 다음 문제는 경전을 문자 그대로 믿는 거야.

아들 교인이 경전을 안 믿으면 무얼 믿나요?

아빠 믿는 게 맞지만 글자 그대로 해석해서는 안 되는 것이 있어.

아들 어떤 건데요?

아빠 예수는 유명한 산상수훈에서 실제의 간음만 나쁜 것이 아니라 마음속의 간음도 나쁜 것이라고 가르쳤잖아.

아들 그렇죠.

아빠 그런 잣대로 갖다 대면 죄를 짓지 않은 사람이 없을 거야.

아들 저도 그런 건 좀 심하다는 느낌이 들어요.

아빠 예수가 '마음으로 간음한 것도 간음한 것과 같다'고 한 것은 그것을 강조한 것이지 정말 그것을 죄라고 할 필요는 없어. 나쁜 행동을 했을 때 죄가 되는 것이지 생각만으로는 죄라고 볼 수 없어. 생각과 행동은 엄연히 다른 거야. 자신의 의지와 관계없이 일어나는 생각을 가지고 나쁜 짓이라고 판단하는 것 자체가 문제지. 그런 건 종교적인 차원에서 강조하기 위한 것이지 문자 그대로 받아들이면 안 될 것 같아.

아들 그걸 문자 그대로 해석해서는 안 된다는 말씀이죠?

아빠 그렇지. 성경도 결국 사람이 기록한 것인데 그 사람의 개인의 생각이 들어가기 마련이야. 강조법을 쓸 수도 있고, 비유나 은유법으로 쓸 수도 있다.

아들 성경은 하나님의 말씀을 기록한 것 아닌가요?

아빠 그건 맞는데 기록한 것은 사람이야. 누가 기록하느냐에 따라 조금씩 달라져. 그래서 성경을 문자 그대로 보면 안 된다는 것이지.

지혜
나는 기도보다 공부를 통해서 답을 얻는다

아들   종교의 궁극적인 목적이 뭐라고 생각하세요?

아빠   죽음으로부터의 구원이다. 신을 믿으면 사후에 천국에 간다
고 믿든, 극락에 간다고 믿든, 모든 종교는 죽음이라는 존재
의 한계를 극복하기 위한 것이다.

아들   아빠의 종교가 뭔지 모르겠어요. 불교인 것 같은데 절에 자
주 가지도 않고, 절에 가서도 법당에서 절을 잘 하지도 않으
니까.

아빠   불교 수행의 목적은 내 안에 있는 불성을 찾는 것이지 반드
시 절에 가서 절을 해야 하는 건 아니야. 집에서도 얼마든지
할 수 있어. 대부분의 종교와 철학이 어떻게 살 것인가로 귀
결된다. 종교가 굳이 필요 없다고 생각하면 그대로 살아도
문제없어.

아들   아빠는 자신을 구원하기 위해 무엇을 하세요?

아빠   신은 인간 속에 신성을 심어놓았어. 자신 안에서 그 신성을
찾는 것이 신의 마음을 아는 것이고 자신을 구원하는 것이
라 생각해. 그것이 진정한 공부다. 나는 기도보다 공부를 통
해서 답을 얻어.

아들   어떤 공부요?

218

아빠 불교, 철학 그리고 마음을 다스리는 공부를 한다. 요즘 내가 읽는 책의 대부분은 이런 것들이다.

아들 불교에서 얻는 지혜 중에서 가장 큰 것은 뭐예요?

아빠 한마디로 말하면 제행무상, 제법무아, 색즉시공, 일체유심조 이런 것들이지.

아들 불교가 정말 어렵던데요.

아빠 어려운 건 사실이지만 요즘은 쉽게 쓴 책들이 많이 나와.

아들 수행은 어떻게 하세요? 아빠가 참선을 하거나 108배를 하는 것도 아닌데.

아빠 나는 불교에서 말하는 "평상심이 도" 라는 말을 좋아해. 참선이나 절은 달을 가리키는 손가락이지 달은 아니야. 형식이 중요한 것이 아니라 일상에서 탐욕과 분노를 다스리고 어리석음에서 벗어나도록 하는 것이 수행이라 생각한다.

아들 저도 처음에는 진리가 대단한 건 줄 알았어요. 그런데 의외로 진리가 단순하고 가까이 있는 것이라는 걸 알았어요.

아빠 일상이 진리이고, 일상이 행복이다. 사람이 불행한 것은 특별한 것을 하지 못했을 때가 아니라 일상의 평범한 것을 하지 못했을 때이지. 일상에서 행복을 찾지 못하면 행복은 지구 어디에도 없다. 천국에 가서도 못 찾을 것이다.

아들 저도 천국은 없을 거라 생각해요.

아빠 그렇게 생각하는 것이 좋겠지. 천국은 하늘나라에 있는 것이 아니라 지금, 여기가 천국이야. 천국이 없다고 생각하고 가보니 있더라 하면 한 번 더 즐길 수 있어 좋고, 만약 없다면 이승에서 이미 즐겼으니 아쉬울 것도 없지.

아들 아빠는 하나님을 믿지 않는데 어떻게 천국에 가겠어요?

아빠 지금 여기가 천국이면 굳이 멀리 있는 천국을 찾을 필요가 없어. 네 엄마가 자주 얘기하는 "행복한 가정은 미리 누리는 천국"이라는 말을 명심해.

아들 아빠는 천국을 찾을 필요가 없겠네요.

아빠 그렇지. 많이 누렸어. 지금도 누리고 있다.

기도

신이 있다면 지금 여기에도 있겠지

아들 수행의 궁극적인 목표는 무엇일까요?

아빠 상구보리 하화중생 (上求菩提 下化衆生)이지.

아들 그게 무슨 뜻이지요?

아빠 위로 깨달음을 구하고 아래로 중생을 교화하는 것이다.

아들 아빠는 깨달음이 무엇이라 생각하세요?

아빠 삶과 죽음을 아는 것이지. 삶과 죽음이 같은 뿌리에서 나온 것이라는 걸 알면 깨달은 것이야. 나는 아직 깨닫지는 못했지만 천국은 지금, 여기에 있고, 내 마음 안에 있다는 것은 알아.

아들   아빠는 벌써 깨달았네요.

아빠   아직 멀었다.

아들   아빠는 기도를 안 하세요?

아빠   기도 대신 마음을 다스리는 책을 읽는다.

아들   아빠는 바라는 것이 없어요?

아빠   아빠도 바라는 게 있지. 에머슨은 "신과 하나가 된 사람은 신에게 구걸하지 않는다"는 말을 했다. 자신 안에 있는 신성 (神性)을 찾으면 신과 하나가 된 거나 마찬가지야. 아빠는 신에게 바라지 않고 바라는 일을 바로 한다.

아들   예를 들면 어떤 거예요?

아빠   마음의 평화를 위해 기도하는 대신 스스로 마음의 평정을 찾으면 돼. 건강하게 해달라고 기도하는 시간에 운동을 한 다든지, 지혜를 달라고 기도하는 대신 책을 읽는 것이지.

아들   사람의 노력만으로 안 되는 일이 있으면 어떡해요?

아빠   그럴 때는 기도를 하겠지.

아들   어떻게요?

아빠   "저는 신을 믿습니다. 제 뜻대로 살게 해주시고, 제 뜻대로 살아도 그릇됨이 없게 해 주소서" 이렇게 하겠어.

아들   그건 기도가 아니라 아빠 마음대로 살겠다는 거 아니에요?

아빠   나는 기도라고 생각하는데….

아들   정말 신도 들어주기 어려운 기도 같아요.

아빠   그런가?

아들   아빠는 신이 있다고 생각하세요?

아빠 신은 있지만 보통 사람들이 생각하는 엄한 할아버지의 모습을 한 신은 아닐 거라 생각해. 자신을 믿으면 천국, 아니면 지옥에 보내는 그런 존재는 아니라고 봐.

아들 저도 전지전능하신 신이 그렇게 속이 좁을 거라고는 생각 안 해요.

아빠 어렸을 때 산타할아버지가 선물을 준다고 생각했다가 커서는 산타가 부모라는 것을 알게 되듯이, 신이 인간을 만든 것이 아니라 인간이 신을 만든 것이 아닐까 생각한다.

아들 과학자들은 신에 대해 어떤 생각을 했을까요?

아빠 사람마다 다르겠지만 32억원에 낙찰된 아인슈타인의 편지에는 "신이라는 단어는 내게 인간의 나약함을 나타내는 표현일 뿐이다" 라는 말이 있어.

아들 결국 신을 인정하지 않는다는 말이네요.

아빠 그런 뜻을 부드럽게 표현했다고 봐야지. 평소 그는 "종교 없는 과학은 절름발이고 과학 없는 종교는 장님"이라고 말한 것과는 좀 다르지.

아들 신이 있다면 어디에 있을까요? 천국이 있을까요?

아빠 신이 있다면 천국에만 있는 것이 아니라 어디에든 있어. 꽃과 새, 아이들의 웃음과 엄마의 표정에도 있을 거야. 지금, 여기에도 있겠지.

대학에 다닐 때는 심장이 뜨거운 '진보'라고 생각했다. 잘 알지도 못하면서 괜히 진보라고 하면 멋있어 보이고 세련돼 보였다. 흔히 말하는 '패션좌파'였다.

진보 정치인과 대통령을 욕하는 어른세대가 고리타분하고 구식으로 보였다. 사회로 나와 보니 정치란 멋이나 이념이 아니라 내 삶과 직결되는 문제였다. 옛날에는 정치 얘기를 하면 아버지와 언쟁이 있었지만, 지금은 입을 모은다.

서울시장 보궐선거가 끝나고 나서야 '이대남 표심잡기'라며 젊은 남자를 위한 입에 발린 발언과 정책을 쏟아내기 바쁘지만, 내가 봤을 땐 아직도 포인트를 잡지 못한 것 같다. 나를 비롯한 젊은 남자가 원하는 정치는 재난지원금과 해외여행비가 아니다. 출산율이 늘어나고 집값이 내려오며 취직이 잘 되는 정치를 원한다.

내가 종교가 없어서일까, 사후세계나 운명, 신… 이런 것은 너무 멀고 아득하게만 느껴진다. 하지만 종교나 운명을 믿는 주변의 사람들을 보면 참 부럽다는 생각이 들 때가 많았다. 의지할 곳과 마음의 평안을 얻을 곳이 있는 것이니까.

어떤 계기가 생긴다면 종교를 갖는 것도 나쁘지 않겠다.

PART 9

내공

아 빠 의
말

———

뿌리 깊은 나무는 강한 바람에도 쓰러지지 않는다.
삶에서 태풍이나 큰 파도가 언제 올지 알 수 없다.
그때 필요한 것이 내면의 힘이다.
세상을 보는 지혜이자 마음의 평화를 유지하는 평형수이며
외부의 힘처럼 빛나지 않지만 자신을 지켜준다.
독서와 자신과의 대화를 통해 내면의 힘을 키울 수 있다.

삶

우리는 왜 태어났을까?

아빠 우리는 왜 태어났을까?

아들 태어나는데 이유가 있나요? 그건 우연 아닌가요?

아빠 사람의 입장에서 보면 우연이겠지만 신의 입장에서 보면 이
유가 있겠지. 아빠는 나를 이 세상에 보낸 신의 뜻을 알고
싶은 거다. 그것이 나의 삶의 의미라 생각해. 연극 감독이
배우를 무대에 올릴 때는 그냥 올리는 게 아니야. 다 이유가
있고 계획이 있어.

아들 신이 말을 하는 것도 아닌데 신의 뜻을 어떻게 알 수가 있어
요?

아빠 자신 안에 신의 뜻이 숨겨져 있어. 자신 속에서 신의 뜻을
찾으면 신이 나를 이 세상에 보낸 이유를 알 수가 있어. 부
모가 자식을 먼 곳으로 보낸다고 생각해 봐. 자식에게 아무
것도 챙겨주지 않고 먼 곳으로 보내는 부모가 있을까? 신도

마찬가지라 생각해.

아들 그래서 소크라테스가 "너 자신을 알라"고 했군요.

아빠 그 말은 소크라테스가 한 말로 알려져 있지만 그보다 먼저 델포이 신전에 씌어져 있다고 해.

아들 원래 있던 말인데 테스형이 말해서 더 유명해졌군요.

아빠 그렇지. 다 갖추고 있더라도 삶의 의미가 없으면 불행해지는 게 인간이다. 심하면 극단적인 선택을 하지.

아들 삶이 힘들 때 신의 뜻이니 삶의 의미니 이런 것들이 정말 중요할까요? 굶어 죽어가는 사람에게 "신이 너를 보낸 이유가 있다"라고 말하면 뺨 맞지 않을까요?

아빠 굶은 사람에게는 말보다 빵이 더 중요해. 빵이 그 사람의 의미야. 운동도 건강할 때 해야지 아플 때는 하지 못하는 것처럼 아무리 옳은 말도 힘들 때는 하지 않는 게 좋아.

아들 그런 사람들에게는 어떻게 해야 하나요?

아빠 공감이지. 아픈 사람에게는 같이 아파하는 것이 공감이지 운동기구를 사주는 게 아니야.

아들 행복보다 더 중요한 것이 의미라면 사람들이 왜 그런 걸 찾지 않죠?

아빠 의미가 행복보다 더 중요하다는 말이 아니라 행복한 삶을 위해 삶의 의미가 필요하다는 말이지. 그래서 인문학이 필요하다는 것이다. 인문학이 돈을 더 많이 벌게 하지는 못하지만 삶의 의미를 찾아 행복하게 해줄 수는 있어. 삶의 의미를 찾은 사람은 돈이 적어도 행복할 수 있고 힘들어도 견딜

수 있지.

아들   그럼 아빠의 삶의 의미는 뭐라고 생각하세요?

아빠   내가 이 세상에 태어남으로 해서 한 사람이라도 더 행복하
게 해주고, 내가 있음으로 해서 그 자리가 더 아름답게 하는
것이다.

아들   그건 에머슨의 시에 나오는 내용 아닌가요?

아빠   비슷해. 하늘 아래 새로운 건 없어. 세상에 있는 걸 조금 바
꾸면 새로운 나의 것이 돼. 나의 의미로 살기 위해서는 나의
꽃을 예쁘게 피워야 해. 그래야 향기가 멀리 퍼지거든.

아들   아빠 꽃은 지금도 예뻐요. 화장실에 다녀오실 때 향기는 그
닥 좋지 않지만요.

관점
마음을 어떻게 다스려야 하나요?

아들   우리들은 왜 하루에도 몇 번씩 마음속에 지옥을 만들까요?

아빠   마음을 다스리지 못해서 그렇지.

아들   마음을 다스리려면 어떻게 해야 되나요?

아빠   네 마음을 가져 오너라. 내가 다스려줄게.

아들   그건 어느 스님이 한 말 아니에요?

아빠 그렇다. 짧은 한마디로 제자는 답을 얻었지.

아들 저는 아직 공부가 부족해서 설명이 필요해요.

아빠 지금 바로 여기서 다스리면 된다.

아들 어떻게요?

아빠 지금부터 1분만 숨을 쉬지 말고 참아봐.

아들 왜요?

아빠 힘들어도 시키는 대로 해봐. 손으로 코를 잡고 해봐. 곧 알게 될 거다. 세상을 보는 관점이 달라질 거야.

아들 네.

아빠 지금부터 시작이다.

(잠시 후)

아들 죽겠어요.

아빠 조금만 더…. 됐다.

아들 후유! 아빠가 아들을 죽이려고 이러세요?

아빠 그럴 리가 있나! 가르침을 주기 위해서다. 뭐 느낀 거 없어?

아들 있어요. 공기요.

아빠 우리는 1분만 숨을 쉬지 못해도 죽을 정도로 힘들지만 일상에서 공기의 중요성을 모르고 살아간다. 있을 때는 모르지. 없어봐야 알아. 이처럼 일상에는 소중한 것들이 넘쳐나는데 행복한 사람은 별로 없어.

아들 이제 알겠어요. 마음을 어떻게 다스려야 하는지를. 숨을 못 쉬다가 숨만 쉬어도 천국이네요.

아빠 그 마음도 곧 변할 거다. 마음이 원래 그렇거든. 우리가 매일 몸을 씻고 운동을 해야 하듯이 마음도 그렇게 해야 돼.

어떤 스님이 동산스님에게 물었어.

"무엇이 부처입니까?"

동산스님이 말했어.

"삼 세 근이다."

이 말이 무슨 말인지 알겠나?

아들 귀신 씨나락 까먹는 소리 같아요.

아빠 불교에는 이런 선문답이 많아. 도덕경에 제일 먼저 나오는 것이 "도라고 할 수 있는 도는 영원한 도가 아니다" 라는 것과 같은 맥락이지. 동산스님은 부처에 대해 어떤 말을 해도 부처의 실체가 아니기 때문에 그런 말을 한 것이야.

아들 그런 말을 듣고 깨달을 수 있을까요?

아빠 아무한테나 그런 말을 하는 게 아니야. 스승은 제자의 수준에 맞는 가르침을 준단다. 스승은 제자가 깨달을 때가 되었을 때 충격요법으로 깨치게 하지.

아빠 여러 가지 방법이 있지만 두 가지만 말해줄게. 첫 번째는 남을 의식하는 마음을 '최대한 줄이는 것'이다.

아들 인간이 사회적인 동물인데 어떻게 남을 의식하지 않을 수가 있나요?

아빠 나는 남을 의식하지 말라고 하지 않았어. 최대한 줄이라고 했다. 네 말처럼 타인을 의식하지 않을 수는 없지. 노력하면 줄일 수 있어. 나의 가치를 타인에게 의지하는 것은 마음의 자유를 타인에게 의지하는 것과 같아. 두 번째는 남이 나와 다르다는 것을 인정하는 것이다. 남은 나와 같을 수 없어. 쌍둥이도 기질이 다르지.

아들　둘 다 알지만 실천하는 건 어려워요.

아빠　그러니 사람들의 마음이 편치 않은 거야.

아들　머리로는 이해가 되는데 마음으로는 이해가 안 돼요.

아빠　세상에서 가장 먼 길이 무엇인지 아니?

아들　아니요.

아빠　그건 바로 '머리에서 마음으로 가는 길'이다. 우리가 화가 나거나 실망하는 것은 상대가 내 생각대로 되지 않기 때문이지. 상대가 나를 알아주길 바라는데 안 되거나 내가 준만큼 돌아오지 않으면 서운한 거야.

아들　아빠는 그게 잘 되세요?

아빠　나도 힘들어. 그래도 노력하니 조금씩 좋아지더라. 마음을 비우기 전에는 몰라. 일단 비우고 나면 알게 돼. 욕망을 채우는 것보다 비우는 것이 더 즐겁다는 것을 알고, 화를 내는 것보다 다스렸을 때가 더 즐겁다는 것을 알게 되는 때가 와. 관점을 바꾸기 전에는 다른 세계를 볼 수 없어. 한 번 다른 세계를 본 사람은 다시 이전 상태로 돌아가기 어렵지. "인생을 가까이서 보면 비극, 멀리서 보면 희극" 이라는 말 알지?

아들　찰리 채플린이 한 말이죠.

아빠　같은 세상인데 어떤 눈으로 보느냐에 따라 달라져. 세상을 보는 틀이 관점이야.

의미
그냥 즐겁고 행복하게 살면 되지 않나요?

아빠 우리의 삶에서 가장 중요한 것이 무엇일까?

아들 이왕 사람으로 어렵게 태어났으니 잘 살다 가는 것 아닐까
요.

아빠 그렇지. 아빠의 고등학교 교훈이 '잘살자'였어.

아들 재미있는 교훈이네요.

아빠 처음에는 우스웠는데 생각할수록 좋은 교훈이었어. 너는 잘
산다는 게 어떤 것이라 생각하니?

아들 그냥 제가 하고 싶은 것을 하고, 하기 싫은 것은 하지 않는
자유를 가지고 사는 것이 잘 사는 거라 생각해요.

아빠 원하는 것을 할 수 없을 때와 원하지 않는 것을 해야 할 경우
가 있으면 어떤 것이 더 고통일까?

아들 당연히 원하지 않는 것을 해야 할 때가 더 고통이죠.

아빠 그렇지? 루소도 "인간의 자유는 원하는 것을 할 수 있는 데
있는 것이 아니라 원하지 않는 것을 하지 않아도 되는 데 있
다"고 말했어. 그럼 네가 하고 싶은 것은 뭐니?

아들 구체적인 것은 없지만 안정된 직장을 가지고 제가 잘할 수
있는 일을 하면서 돈에 구애받지 않고 건강하고 행복하게
사는 것이요.

아빠 좋긴 한데 구체적이지 않아. 그건 자신의 삶의 의미가 불명확하다는 것이다. 목표가 구체적이지 않으면 실현될 가능성이 적어. 자신의 의미를 빨리 알수록 삶이 깊어진다. 삶의 의미를 가진 사람은 어떤 상황에서도 살아갈 수 있다. 삶의 의미가 살아가는 이유야.

아들 저도 지금까지는 의미에 대해 구체적으로 생각하지 않았는데 지금부터 제 삶의 의미를 찾겠습니다.

아빠 좋아. 어렸을 때 산에 같이 가면 너희들은 힘들다며 중간에서 내려오려고 했지. 산에 오르는 이유를 모르고 그냥 따라갔기 때문이야.

아들 맞아요. 그때는 그랬었죠. 그러던 아이가 커서 지금은 혼자서도 산에 잘 가요. 저도 자연의 매력과 등산의 의미를 알았어요. 의미는 어떻게 만드나요?

아빠 만들 필요 없어. 의미는 만드는 것이 아니라 찾는 것이다.

아들 어떻게요?

아빠 네 안에 이미 있는 것을 찾으면 돼. 그렇게 하려면 자신에게 질문을 하면 된다. 물론 그렇게 한다고 금방 찾아지는 건 아니야. 새가 알을 품듯이 그 질문을 가슴에 오래 품고 있어야 한다. 철학은 질문에서 시작되지.

아들 살아가는 데 꼭 철학이 있어야 되나요?

아빠 철학이라고 하니 거창하게 느껴지지만 철학은 나의 생각이고 살아가는 의미라고 생각하면 돼. 분명한 사실은 나의 철학이 없으면 다른 사람의 생각대로 살아가게 된다는 거야.

아들 내 철학이 잘못될 수도 있지 않나요? 개똥철학을 가진 사람들은 위험해보이던 걸요.

아빠 절대적으로 옳은 철학은 없다. 중요한 건 내 생각을 가지고 있지만 그것이 틀릴 수도 있다는 걸 인정하는 것과 더 나은 생각이 나오면 바꿀 수 있는 용기가 있으면 돼.

아들 세상에는 자신의 철학 없이 사는 사람도 많아요.

아빠 그런 사람들이 너의 의미가 될 수는 없어. 인간은 의미를 먹고 사는 존재야. 자기 삶에 의미가 없다고 생각하는 사람은 삶에 고비가 오면 무너지기 쉬워.

아들 저는 의미가 꼭 있어야 할 필요는 없다고 생각해요. 그냥 즐겁고 행복하게 살면 되지 않나요?

아빠 물론 그렇게 사는 것이 행복한 삶이야. 하지만 항상 즐겁고 행복할 수는 없어. 살다보면 즐겁지 않을 때도 있고 불행할 때도 있지. 삶의 의미를 찾은 사람은 그런 것도 견딜 수가 있어. 고통스러운 것은 참을 수 있지만 무의미한 것은 참지 못하는 것이 인간이기 때문이다.

아들 의미도 자신의 선택인가요?

아빠 그렇지. 자신의 선택이다.

아들 선택은 자유지만 선택이 참 어려워요.

아빠 선택이 어려운 이유는 거기에 책임이 따르기 때문이야. 다른 사람에게 내 선택을 묻거나 위임하는 것은 선택에 대한 책임을 조금이라도 전가하고 싶기 때문이지.

아빠 삶의 의미는 나의 존재 의미를 찾는 것이다. 이 세상의 모든

것은 존재의 의미가 있고 쓰임이 있어. 들판에 한 송이 꽃이 피어나는 것에도 의미가 있어. 사람이 태어나는 데 왜 의미가 없겠니?

아들 꽃이 무슨 의미를 알겠어요?

아빠 꽃은 의미를 모르겠지만 그 꽃을 만든 신은 계획이 있었을 거야.

아들 아빠는 존재의 의미를 언제 찾았나요?

아빠 언제부턴가 가슴 속에 자라는 씨앗이 있었는데 꾸준히 물을 주니 살아나는 것도 있고 죽는 것도 있더라. 살아나는 것이 나의 의미라 생각하고 물을 계속 주었지. 그렇게 했더니 나중에 열매가 맺히는 것도 있었어.

아들 물을 주었는데도 죽는 게 있었어요?

아빠 뿌린 대로 거두는 것이 자연의 법칙이지만 물을 준다고 다 사는 건 아니야. 죽는 것은 나의 의미가 아니라고 생각했지.

아들 아빠는 인생이 허무하다는 것을 느낄 때는 어떻게 하세요?

아빠 삶의 의미가 있는 사람은 인생이 허무하다는 것을 느끼지 않아. 인생이 허무하지 않아서가 아니라 삶 자체가 그런 것이라는 걸 알기 때문이지.

칭찬
꼭 말로 안 해도 상대가 알지 않을까요?

아빠 　칭찬과 충고 중 어느 것이 더 사람을 성장시킬 수 있을까?

아들 　당연히 칭찬이지요. '칭찬은 고래도 춤추게 한다'는 말이 있
　　　잖아요.

아빠 　그 책이 한때 베스트셀러가 된 적이 있었지.

아들 　책 제목을 정말 잘 지은 것 같아요. 칭찬이 그토록 중요한데
　　　왜 칭찬을 잘 하지 않을까요?
　　　안 하는 걸까요, 못 하는 걸까요?

아빠 　둘 다야. 우리는 아직 유교문화가 남이 있어. 유교문화에서
　　　는 칭찬이란 게 거의 없었어. 아빠도 그렇게 자랐다.

아들 　공자가 제자에게 칭찬을 잘 하지 않았나요?

아빠 　안회에게는 칭찬을 했지만 다른 제자들에게는 인색했어. 하
　　　긴 공자 자신도 당시에 인정을 못 받았으니까 칭찬에 인색
　　　했던 게 아닐까?

아들 　공자가 인정을 못 받았다는 건 어떻게 알 수 있어요?

아빠 　공자가 천하를 주유했다는 것은 어느 나라에서도 인정을 받
　　　지 못 했다는 뜻이지. 공자의 인생삼락 중 하나인 "남이 나
　　　를 알아주지 않아도 노여워하지 않는다면 군자가 아니겠는
　　　가(人不知而不慍 不亦君子乎)"라는 말은 바꿔 말하면 남이

알아주지 않아 화가 난다는 말이야. 공자쯤 되니까 성내지 않고 순화시켜 말한 거지. 남이 알아주지 않으면 성이 나는 것은 인지상정이야.

아들 공자 같은 사람도 칭찬을 받지 못했는데 보통 사람이 칭찬 받지 못하는 것은 당연한 거 아닌가요?

아빠 그렇게 볼 수도 있지만 공자 같은 사람에게는 높은 잣대를 들이대니까 칭찬을 못 할 수도 있어. 그리고 당시는 춘추전국 시대로 전쟁의 연속이기 때문에 한가하게 칭찬할 정도의 사회 분위기가 아니었다고 볼 수 있지.

아들 그렇군요.

아빠 칭찬에는 내공과 기술이 필요한데 그런 게 그냥 길러지는 것이 아니야. 대부분의 사람들은 둘 다 약해.

아들 둘 중 어느 것이 더 중요해요?

아빠 내공이 먼저고 기술이 나중이야.

아들 저도 칭찬을 하면 좋다는 것은 알겠는데 왠지 쑥스럽고 '칭찬을 굳이 안 해도 알겠지' 라는 생각이 들어서 못 하는 것 같아요. 전 여친한테도 지적한 게 더 많았던 것 같아요. 아부한다고 생각할 것도 같고요.

아빠 아부가 나쁜 거니? 사람은 필요할 때 아부도 할 줄 알아야 돼.

아들 해야 할 것 같은데 왠지 말이 안 나와요. 이미지도 좋게 느껴지지 않을 것 같고.

아빠 아부는 칭찬과 같다고 보면 돼. 그냥 강한 칭찬이지. 아부를

240

해서 오는 부작용도 가끔 있지만 그걸 못해서 오는 부작용
에 비하면 아무 것도 아니야.

아들 아부를 하면 상대가 알 거 아니에요?

아빠 만약 상대가 네게 아부를 한다면 어떤 생각이 들까?

아들 아부로 생각하지 않거나 그런 생각이 들어도 밉지는 않을
것 같아요.

아빠 바로 그거야. 필요한 칭찬이나 아부는 안 하고 쓸데없는 지
적이나 충고를 하는 사람은 인간관계가 힘든 거야. 자신은
바른 말을 했다고 생각하니 관계가 어려워진 이유를 모르는
거지. 왜 사랑하는 사람에게 좋은 말을 못 하고 지적을 하는
거지?

아들 지금 생각하면 잘못된 건데 그때는 제가 상대보다 좀 더 잘
나게 보일 필요가 있다고 생각했어요.

아빠 왜 그런 생각을 했어?

아들 그렇게 기선제압을 하면 상대가 저에게 잘해줄 거라고 생각
했죠.

아빠 그렇게 하니 여친이 잘해주더냐?

아들 아뇨. 더 쌀쌀해지고 이유 없이 삐치는 일이 많았어요.

아빠 너는 여자를 모른다. 어찌 그리 부전자전이냐?

아들 그럼 아빠도 그런 경험이 있으세요?

아빠 한때 그런 적이 있었지. 여자 앞에서 잘 난 체하면 안 돼.

아들 그럼 어떡해요?

아빠 여자 앞에서 네가 잘 나면 안 돼. 상대를 잘 난 사람으로 만

들어야지. 이건 연애에 국한되는 문제가 아니야. 모든 인간 관계가 마찬가지지. 내가 진작에 가르쳤어야 됐는데 내 탓이다.

아들 예, 잘 알겠습니다.

아빠 알았으면 다음에는 바꿔라. 상대를 가르치려 하지 말고, 절대 다른 사람과 비교하지 말고, 조금만 잘해도 칭찬하고, 못하는 것이 있더라도 돌직구 날리지 말고 부드럽게 말해야 한다.

아들 칭찬을 꼭 해야 하나요? 말 안 해도 상대도 알 수 있지 않을까요?

아빠 만약 네가 어떤 일을 잘했는데 아무도 칭찬하지 않아도 스스로 만족할 수 있니?

아들 아니요. 스스로 만족한다고 해도 남들이 칭찬해주면 더 좋겠지요.

아빠 "무엇이든지 남에게 대접을 받고자 하는 대로 남을 대접하라"는 말이 율법이 된 것도 이유가 있어.

아들 그래서 그 말을 황금률이라고 하는군요.

아빠 수양이 된 사람은 언제든지 행복을 느낄 수 있지만 보통 사람들은 자신이 남들의 관심, 배려, 사랑, 존경, 인정을 받고 있다고 생각할 때 행복을 느낀다.

242

분별심

남자 키가 180 이하면 루저라고??

아빠   알고 속는 것과 모르고 속는 것 중 어느 것이 더 어리석을
까?

아들   알고 속는 것 아닐까요?

아빠   왜 그렇게 생각해?

아들   모르고 속는 사람은 알면 더 이상 안 속을 수 있지만 알고도
속는 사람은 방법이 없을 것 같아요.

아빠   그렇게 생각할 수도 있겠지만 모르고 속는 것이 더 어리석
은 것이다.

아들   왜 그래요?

아빠   알고 속은 사람은 자신이 속았다는 사실을 알고 있기 때문에
다음에 안 속아. 모르고 속은 사람은 자신이 속고 있다는 사
실을 모르고 있기 때문에 계속해서 속을 수 있지.

아들   그렇군요.

아빠   "한 번은 속인 사람의 잘못이지만 두 번째는 속는 사람의 잘
못이다"는 말이 있다.

아들   부처님이 말씀하신 두 번째 화살에 맞지 말라는 말이군요.

아빠   그렇지. 조금 맥락이 다른데 사람은 좋든 싫든 감정이 생기
기 마련인데 어리석은 사람은 그 감정에 집착하여 좋다거나

싫다거나 분별하고 그 분별로 인해 수없이 많은 고통을 만들어.

상황으로 나쁜 감정이 일어나는 것이 첫 번째 화살이라면 우리가 그 감정에 대한 집착과 분별심이 생겨 다시 괴로워하는 것이 두 번째 화살을 맞는 것이다. 우리가 상황을 만들 수는 없지만 그 상황으로 인한 나의 마음은 조절할 수는 있지.

아들 첫 번째 화살은 어쩔 수 없는 것이지만 두 번째는 스스로가 만든 것이니 더 위험하다는 것이군요.

아빠 높은 산을 오르지 못하는 것은 나의 잘못이 아니지만 돌부리에 넘어지는 것은 나의 잘못이야. 세상이 힘들다고 하는 사람은 어쩌면 자신이 세상을 살아가는 내면의 힘이 부족하다고 볼 수 있어. 금강경에 '응무소주 이생기심(應無所住 而生其心), 즉 '머무는 바 없이 그 마음을 내라'는 말이 있는데 이 말은 마음을 내되 거기에 머무르지 말라는 뜻이다.

아들 왜 머무르지 말라고 했을까요?

아빠 머무름은 집착을 낳고, 집착은 고통을 낳기 때문이지. 마음은 파도처럼 수없이 생겼다가 없어진다. 처음에는 잔잔한 파도였는데 한 번 생긴 마음을 붙들고 있으면 점점 더 큰 파도가 되어 쓰나미처럼 삼켜버릴 수 있다.

아들 그렇게 되지 않으려면 어떻게 해야 돼요?

아빠 분별심을 내려놓으면 된다.

아들 불교에서도 그렇게 말하는데 분별심과 분별력과 차이가 무엇인가요?

아빠 그 둘은 나비와 나방처럼 비슷한 것 같지만 다르다. 객관적 기준이나 상식에 의해 나누어진다면 그것은 분별력이다. 반면 나의 주관적 판단에 의해 '이것이다, 저것이다'를 가르는 것이 분별심이지. 분별력은 가져야 하고 분별심은 내려놓아야 되는 거야.

아들 기준이 주관적이냐, 객관적이냐에 따라 다르군요.

아빠 그렇지. 여러 가지 버섯 중 먹을 수 있는 것과 없는 것을 구분하는 것은 분별력이고, 남자 키가 180 이하면 루저라고 하는 것은 분별심이지.

아들 옛날에 그런 말을 한 여자 연예인이 있었죠? 그때 아빠 기분이 어땠어요? 전 아슬아슬하게 통과했습니다.

아빠 그 사람의 분별심일 뿐이야. 그런 것에 기분 나빠할 내가 아니지.

아들 사람들은 자기만의 주관적인 기준을 가지고 판단할 수 있는데 그런 분별심이 나쁜 것인가요?

아빠 분별심이 없는 사람은 없다. 자기만의 기준으로 옳다 그르다를 판단하는 것 자체가 나쁜 게 아니라 그 생각을 옳다고 고집하는 것이 나쁘다는 말이지. 불교에서 내려놓으라는 것은 그 고집을 내려놓으라는 것이야.

아들 이제 이해가 되는 것 같아요.

아빠 내 생각만이 옳고 상대는 그르다는 것은 흑백논리야. 대부분의 싸움은 여기서 시작돼. 나이가 많으면 '꼰대' 소리를 듣지. 꼰대의 정의가 뭐라 생각해?

아들 "라떼는 말이야…" 하면서 나이 든 사람들이 본인의 구태의
연한 사고방식을 타인에게 강요하는 거죠.

아빠 꼰대소리를 듣는 사람들의 특징을 보면 자신의 분별심을 내
려놓지 못해. 자신은 분별력이라고 생각하지만 그건 분별심
이야. 꼰대는 나이와 상관없어. 나이 든 사람을 꼰대로 보는
젊은이도 사실은 분별심과 꼰대의식에서 벗어나지 못하는
것이다.

아들 그러고 보니 제가 세상을 보는 분별력을 가진 줄 알았는데
많은 부분이 분별심이었군요.

아빠 방금 네가 생각한 그런 깨달음을 통해 지혜가 생기고 내면
의 힘이 생기는 것이다. 지혜로운 사람은 굳이 시비를 가리
지 않고 미추(美醜)를 나누지 않는다.

어느 모임에서 안도현의《연어》라는 책에 대해 이야기한 적
이 있었는데 어느 사람이 거슬러 올라가는 물고기가 연어가
아니라 은어라고 하더라. 나는 그에게 책을 읽어보았느냐고
물었지. 그는 책도 보았고 자기가 수족관을 하기 때문에 잘
알고 있다고 하더구나.

아들 저도 그 책을 읽었는데 연어가 맞아요. 제목부터《연어》잖
아요.

아빠 그렇지. 거기에 '은어'라는 말은 한마디도 없어.

아들 그래서 어떻게 했어요? 그런 사람은 은어 말고 은따를 시켜
버리죠.

아빠 은따가 뭐지?

아들 은근히 왕따를 시키는 걸 은따라고 하죠.

아빠 재밌네. 더 이상 따지지 않고 넘어갔어. 그런 사람과 따져서 이겨봐야 뭐 하겠니?

아들 맞아요. 무식하면 용감하다는 말이 딱 어울리네요.

아빠 그날 모임은 '연어냐 은어냐'를 따지는 자리가 아니라 친목의 자리였기 때문에 사소한 것 때문에 분위기를 망칠 수는 없었지.

아들 잘하셨어요.

아빠 그 책에 '은빛연어'라는 말이 있는데 그 사람이 그것을 은어로 착각한 것 같아. 사람의 기억은 왜곡될 수 있어.

아들 착각은 할 수 있는데 지나친 고집은 위험하죠.

힘

살아가는데 더 필요한 건 외면의 힘 아닌가요?

아빠 힘에는 두 가지가 있는데 하나는 외면의 힘이고, 다른 하나는 내면의 힘이다. 외면의 힘은 돈, 지위, 학력, 스펙, 명예와 같은 것이고, 내면의 힘은 지혜, 통찰, 용기, 인내, 관용과 같은 것이지.

아들 인맥은 어느 쪽이에요?

아빠 인맥은 외면의 힘이지. 사람은 둘 다 고루 갖추어야 하는데 보통 많은 사람들이 외면의 힘을 기르는 데만 관심을 갖고 있어. 학교에서도, 사회에서도, 심지어 가정에서도 그래.

아들 내면의 힘을 키우려면 어떻게 해야 하나요?

아빠 독서와 사색이 기본이야.

아들 책만 읽는다고 내공이 생기나요?

아빠 책만 읽는다고 반드시 내공이 생기는 것은 아니지만 책을 읽지 않고는 내공이 생길 수 없어.

아들 성철스님은 "책 많이 읽지 마라"고 하셨다면서요.

아빠 그런 말을 한 성철스님은 책을 많이 읽었다. 수행에 책이 필요 없다는 말이 아니라 책에만 빠져 있으면 수행에 방해가 될 수도 있다는 말을 그렇게 한 거야. 불립문자라고 하여 불교에는 언설이나 문자가 지니고 있는 형식과 틀에 집착하거나 빠지지 말라는 말이 있지.

아들 내면의 힘을 기르는 것도 중요하지만 살아가려면 외면의 힘을 기르는 것이 더 중요할 때가 많은 거 같아요.

아빠 물론 외면의 힘도 중요하다. 내가 말하는 것은 균형이 필요하다는 뜻이지. 내공이 약한 사람이 외적인 힘만 있으면 자신을 돌아보지 않게 돼. 그러면 그 힘을 어떻게 쓰게 되겠어? 그런 힘에는 한계가 있어. 권불십년(權不十年)이란 말처럼 권력이나 부, 명예와 같은 것은 언젠가는 사라지게 마련이야. 내면의 힘이 없는 사람은 자신을 지탱하던 외면의 힘이 없어지면 존재하기 힘들어져.

아들 내면의 힘이 멘탈과 비슷한 거죠?

아빠 멘탈은 내면의 힘의 일부지.

비움
마음대신 머리숱만 비어가는 느낌이에요

아빠 지식은 세상을 살아가는데 필요하지만 행복을 주지는 못해. 행복은 지식에서 오는 것이 아니라 지혜에서 온다.

아들 그래도 연봉을 높여주는 것은 지혜가 아니라 지식이에요.

아빠 그건 맞는 말이지만 삶 전체를 위해서는 지혜가 더 필요해. 삶 전체를 바꾸는 것은 지식이 아니라 지혜다.

아들 지혜가 그렇게 중요하다면 왜 학교에서는 지혜를 가르치지 않을까요?

아빠 학교에서 가르치는 목적은 국가와 사회에서 필요한 인재를 키우는 거지 행복한 개인을 양성하는 게 아니야.

아들 '가화만사성'이란 말처럼 개인이 행복해야 사회와 국가가 행복한 것 아닌가요? 저도 그걸 학교에서 배웠어요.

아빠 물론 학교에서도 개인의 행복을 위한 기본적인 소양은 가르치지. 하지만 더 중요한 것은 사회에 필요한 인재를 키우는 것이야. 학교에서 그런 걸 가르친다고 하더라도 그때는 그런 것을 받아들일 준비가 안 된 경우가 많지.

아들 그런 건 살아가면서 배워야 되는 것 같아요.

아빠 나도 지금 알고 있는 것을 그때 알았으면 좋았을 것들이 너무 많아. 다 겪고 나니 보이는 게 있어.

아들 학교에서 가르치지 않는 건 어디서 배우나요?

아빠 그건 개인의 몫이야. 스스로 공부를 할 수밖에 없어.

아들 아빠는 그걸 어떻게 배웠어요?

아빠 내가 아는 것의 7할은 책에서 배웠다. 나도 회사에 다닐 때까지만 해도 그런 걸 못 느꼈는데 조직을 벗어나니까 물 밖으로 나온 물고기 같았어. 회사를 그만두고 나서 진짜 소중한 것을 알게 되었다. 그때부터 본격적으로 책을 읽었다.

아들 저도 벗어난 후에야 조직의 소중함을 깨달았어요. 아빠는 회사에 다닐 때 교육을 많이 받으셨잖아요?

아빠 물론 많이 받았지. 어학뿐만 아니라 리더십, 직무교육 등을 많이 받았지. 그러나 그런 건 다 회사 업무를 위한 것이었지 내면의 힘을 키우는 데 필요한 건 아니었어. 살아가는 지혜는 혼자 공부했다.

아들 지식과 지혜의 차이는 무엇입니까?

아빠 지식은 채우는 것이고 지혜는 비우는 것이다.

아들 지혜도 채워야 되지 않나요? 비우면 뭐가 남나요?

아빠 비어있어야 담을 수 있고, 비어있어야 울림이 있다. 그릇과 목탁을 보면 알 수 있어. 마음도 비어있어야 타인을 담을 수 있다.

아들 마음을 비우는 것은 정말 어려워요. 마음대신 머리숱만 비어가는 느낌이에요.

아빠 마음은 평생 비워도 모자란다.

아들 지혜는 어떻게 얻을 수 있나요?

아빠 지혜는 이론이 아니라 마음을 다루는 것이야.

아들 그러면 어떻게 배우나요?

아빠 경험과 사색을 통해 배울 수 있지. 경험을 통해 얻으려면 많은 대가를 지불해야 해. 책과 사람을 통해 간접적으로 배울 수도 있어. 지혜를 가르쳐줄 수는 없어도 배울 수는 있다.

아들 사색을 통해서는 어떻게 배울 수 있나요?

아빠 안에서 들리는 소리는 마음으로 들어야 해. 사색은 나의 내면으로 깊숙이 들어가서 대화하는 것이다. 우리 몸의 감각 기관은 외부로 향해 있어 내면을 볼 수 없어. 시계의 초침 소리는 들려도 심장이 뛰는 소리는 들리지 않지. 귀가 바깥을 향해 있으니 자신의 소리를 듣지 못해. 우리는 사색을 통해서 내가 어떤 사람인지, 내가 현재 어디에 있는지, 어디로 가고 있는지 알 수 있어.

아들 탈무드에 "지혜로운 자는 모든 사람으로부터 배운다"는 말이 있어요. 어떻게 모든 사람으로부터 배울 수 있나요?

아빠 모든 사람의 인생이 소중하다고 생각하면 보이는 게 있어. 그건 공자가 말한 '삼인행필유아사(三人行必有我師)'와 같은 맥락이다. 지혜로운 사람은 '모든 사람' 뿐만 아니라 '이 세상의 모든 것'으로부터 늘 배우는 사람이다. 그런 사람에

게는 자연이 거대한 학습장이고 모든 사람이 나의 스승이
지. 줄탁동시란 말 들어봤니?

아들 아니요. 줄탁, 영탁, 무슨 막걸리 이름인가요?

아빠 하하하. 병아리가 알을 깨고 나오려면 안에서 껍질을 깨고,
동시에 어미닭은 밖에서 쪼아야 한다는 말이다. 껍질 속의
좁은 공간에서 그걸 깨고 나오는 건 쉽지 않아. 너무 일찍
깨주면 병아리가 죽지. 어미닭은 언제 껍질을 쪼아야 하는
지를 본능적으로 알고 있어. 가장 적절한 때에 쪼아주는 어
미닭처럼 스승은 제자가 깨달음을 애타게 찾을 때 번쩍 정
신을 들게 하는 말을 던지지. 네게도 그런 스승이 있으면 좋
겠다.

아들 아빠의 스승은 구본형 선생님이죠.

아빠 그렇지. 많은 말씀을 하지 않았지만 내가 필요할 때 꼭 필요
한 말로 나에게 큰 깨우침을 주었어. 참 좋은 사부였어. 일
찍 돌아가신 것이 너무 안타깝다.

아들 이제 아빠가 다른 사람에게 구 사부의 역할을 할 때가 되었
잖아요.

아빠 내가 그만큼 할 수 있을까?

아들 아빠의 달란트가 있으니 걱정 마세요. 내공을 믿으세요.

아빠 너도 이제 많이 컸구나.

아들 180이예요.

'내면의 힘'이라는 것에 대한 의미나 느낌이 잘 와 닿지 않는다. 내면은커녕 내 방도 잘 치우지 않는다.

오직 눈에 보이는 외면에만 신경을 써왔다. 지금은 스펙의 시대다. 외면의 힘과 스펙을 기르기에도 시간이 없는데 내면의 힘까지 요구하는 건 이 시대의 취준생과 사회인에겐 너무 가혹한 처사다.

요즘 들어 내면의 힘의 중요성을 느껴가고 있다. 권투 선수가 꾸준한 줄넘기로 체력을 단련하는 것처럼 내면의 힘은 기초 체력과 같은 것이 아닐까.

화려한 훅과 멤프시롤을 구사하고 싶지만, 그것을 가능하게 해주는 게 줄넘기로 단련된 순발력과 체력인 것처럼 결정적인 순간에 쓰러지지 않고 버틸 수 있는 내면의 힘을 기르는 데 힘써야 하겠다.

PART 10
몰입

아 빠 의
말

삶은 시간여행이다.
시간처럼 소중한 것도 없지만 이것만큼 낭비하는 것도 없다.
삶의 시간을 늘리거나 줄이는 방법은 없다.
우리가 할 수 있는 일은 시간을 압축하는 일이다.
그것이 몰입이다.
몰입은 지금, 여기에 집중하는 것이며,
몰입은 자신의 한계를 극복하게 한다.
행복한 삶을 위해서도 몰입은 필요하다.

시간

사람들이 시간을 놓치는 이유는 뭘까요?

아빠 　내가 얼마 전에 교도소에 갔다왔어.

아들 　아빠가 왜 교도소에 갔어요?

아빠 　죄를 지어서 간 게 아니고 어느 스님이 재소자를 대상으로
　　　매달 법문을 하는데 거기에 같이 갔었어.

아들 　그럼 그렇죠.

아빠 　교도소에 들어가는데 철문을 3개나 지나야 들어갈 수 있더
　　　구나. 강당에 남자만 3백 명 정도 있었어.

아들 　느낌이 어땠어요?

아빠 　약간 긴장했는데 막상 들어가 보니 그렇지는 않더라. 밖에
　　　있는 사람들과 다른 걸 못 느꼈어. 잠시지만 선과 악, 죄와
　　　벌에 대해 생각할 수 있는 기회였다.

아들 　스님의 법문은 어땠어요?

아빠 　스님이 법문하기 전에 문제를 하나 냈어.

아들 어떤 문제요?

아빠 추상명사인데 쉽고도 어려운 문제야. 너도 알아맞혀봐. '가장 소중한 것이지만 사람들이 함부로 대하는 것', '가장 부드러우면서 가장 무서운 것', '이것이 없으면 잠시도 존재할 수 없는 것', '충분히 가지고 있지만 항상 부족하다고 생각하는 것', '지금, 여기에 있지만 느끼지 못하는 것' 이렇게 부분적으로만 기억나는데 사람들은 정답을 맞히지 못했어.

아들 사람들의 대답은 어떤 것이었어요?

아빠 '사랑', '돈', '건강', '생명'…. 이런 것들이었어.

아들 정답은 뭐예요?

아빠 너도 맞춰봐.

아들 '공기' 아니에요?

아빠 ….

아들 맞춘 사람은 있었어요?

아빠 마지막에 맞춘 사람이 있었어. 정답은 '시간'이야. '시간'이란 대답이 나오는 순간 나는 직감적으로 '정답이구나' 하는 느낌이 왔어. 스님이 정답이라고 하자 재소자들도 아쉬운 숨을 내뱉는 소리가 들리더라. 느낌이 왔다는 거지.

아들 저도 '시간'이란 말을 듣는 순간 느낌이 왔어요.

아빠 모두가 다 가지고 있지만 가지고 있을 때는 소중함을 모르는 것이 시간이야. 천하를 다 가져도 이것이 없으면 소용없어.

아들 아빠 말씀을 듣고 보니 정말 그렇네요. 저도 소중한 시간을 많이 놓친 것 같아요. 사람들이 시간을 놓치는 이유를 뭐라

고 생각하세요?

아빠 시간이 계속 있을 거라고 생각하기 때문이지. 시간을 놓치
는 것은 삶을 놓치는 것이다. 사람들은 시간을 과거, 현재,
미래로 구분하여 생각하기 쉽지만 시간은 오직 현재 뿐이
야. 과거는 지나갔고, 미래는 오지 않았고 또 반드시 온다는
보장도 없어. 오직 있는 것은 '지금' 뿐이지. '지금'이라고 말
하는 순간 지금이 아니라 이미 과거가 되었어.

아들 사람들은 '지금' 보다 '나중'을 더 좋아하는 것 같아요. 저는
과거가 더 좋아요.

아빠 옛날 짜장면은 다 맛있었지. 지금 그걸 먹는다면 같은 맛이
날까?

아들 아니겠죠.

아빠 나중으로 미루는 건 나중은 뭔가 더 나아질 거라고 생각하
기 때문이지. 그래서 지금 바로 할 수 있는 일도 나중으로
미뤄.

아들 저도 그런 경향이 조금 있는 것 같아요.

아빠 조금이 아니라 많지. '나중'을 '지금'으로 바꾸지 않으면 어떤
일도 일어나지 않아. 인생의 전반부는 나이가 너무 어려서
못하고, 인생의 후반부는 나이가 너무 많아서 못한다고 생
각해. 그러면 가장 적절한 시간은 언제일까?

아들 바로 지금이죠. '다음에 하자'는 사람치고 제대로 하는 사람
못 봤어요.

아빠 그렇지. 사람들은 다음에 잘하려다가 지금을 놓치지. 미래

를 기다리느라 오늘을 살지 않고, 다른 사람을 부러워하느라 자신의 삶을 살지 않아. 노래를 잘하려다 지금 노래를 부를 기회를 놓치게 되고, 다른 사람을 의식하느라 지금 추고 싶은 춤을 못 추게 되지. 잘하려고 하지 않고 그냥 했으면 훨씬 더 많은 노래를 부르고 춤을 췄을 거야.

아들 그래도 잘하려고 노력을 해야 발전이 있지 않을까요?

아빠 물론 시험이나 중요한 일이 있으면 남도 의식해야 되고 더 잘하려고 애써야 되겠지. 지금을 사는 건 잘하려는 것과 달라.

아들 시간에 대해 다시 생각해보게 되었네요. 저에게도 시간이 얼마 남지 않은 것 같아요.

아빠 하하하. 한 60년?

아들 에디슨도 인간이 유일하게 갖고 있는 자산은 시간이라고 했어요.

아빠 시간을 낭비하는 것은 모든 죄 중에서 가장 큰 죄다. 프랭클린은 "시간은 돈이다"고 했지만 사실은 시간이 돈보다 더 소중해. 황금보다 더 귀한 것이 지금이라고 하잖아. 돈은 없으면 빌릴 수도 있지만 시간은 그렇지 않아. 정말 시간 앞에서는 모두가 공평한 것 같아.

아들 사람들이 돈을 벌기 위해 자신의 시간을 파는 것에 대해 어떻게 생각하세요?

아빠 시간을 판다는 것이 좀 거슬리긴 하지만 틀린 말은 아니라고 본다. 소중한 하나를 얻기 위해 우리가 가진 다른 소중한 것을 희생해야만 하는 경우가 있지. 시간도 소중하지만 돈

도 소중한 거야. 돈이 있으면 살아가는 데 필요한 다른 소중
한 것을 얻을 수 있고, 돈으로 시간을 절약하는 것을 살 수도
있기 때문에 굳이 그렇게 볼 필요는 없다고 생각해.

사람들은 시간의 소중함을 알면서도 행동은 그렇게 하지 않
아.

아들 사람들은 지금 이 순간을 팝콘처럼 생각하죠.

아빠 팝콘?

아들 맥주를 마실 때 팝콘은 메인 안주가 나오기 직전까지만 필
요하니까요.

아빠 프랑스의 소설가 미셸 투르니에는 "크리스마스와 정월 초하
루 사이의 기이한 일주일은 시간의 밖에 있는 괄호 속 같다"
고 했다.

아들 맞아요. 연말의 시간과 새해의 시간이 다 소중한데 말이죠.
신학기에 쓸 새 노트를 앞에 두고 쓰다 남은 노트를 쓸데없
는 낙서로 버리는 학생 같죠? 어쩌면 우리는 매일 이런 마음
으로 살아가는 것은 아닐까요?

아빠 나도 한때는 새해 해돋이를 보러 갔지만 지금은 바다가 바
로 옆에 있어도 가지 않는다.

아들 해는 다 마찬가진데 새해 첫날 해돋이를 보고 이튿날부터
늦잠 잘 거면 무슨 의미가 있죠?

아빠 맞아. 그건 마치 행운의 네잎 클로버를 찾기 위해 행복의 세
잎 클로버를 밟는 것과 같지.

어느 사람이 내게 "당신의 인생에서 전성기는 언제인가?" 하

고 물었다. 내가 뭐라고 대답했을까?

아들 "바로 지금"요.

아빠 맞아.

아들 어느 고대 철학자가 "우리는 같은 강물에 두 번 발을 담글 수 없다"는 말을 했잖아요.

아빠 헤라클레이토스지. 강물은 계속 흘러가지만 같은 물은 아니지. 지금 네 앞에 있는 사람을 사랑해라. 우리는 언젠가는 헤어진다. 지금 여기서 즐겨라. 이 순간은 금세 지나간다.

몰입
새벽은 몰입이 잘 되는 시간이란다

아빠 미하이 칙센트미하이가 쓴 《몰입의 즐거움》이란 책을 읽어 봤니?

아들 아직 못 읽었어요.

아빠 집에 있으니 한번 읽어 봐라. 좋은 책이다.

아들 네, 알겠습니다.
방금 이런 식으로 한 것이 공자가 아들에게 하던 방식이죠.

아빠 그렇지. 공자 아들은 아버지의 명성에 가려져서 그런지 알려진 사람이 없더라. 공자 손자 대에 가서는 인물이 나왔지.

아들 누군데요?

아빠 〈중용〉을 쓴 '자사'라는 사람이야.

지금까지 살아오면서 네가 몰입한 적은 언제였을까?

아들 어, 이번에 은행 입사지원서의 자기소개서에도 나온 말이예요. 몰입에 대한 경험을 쓰라고 나왔던데요.

아빠 뭐라고 썼는데?

아들 제가 제약 영업을 할 때 신규로 출시되는 제품이 공정을 못 맞추어 고객들에게 한 약속을 지킬 수 없게 된 적이 있어요. 그때 이리저리 정신없이 뛰면서 해결한 적이 있거든요. 그때는 정말 밥을 먹지 않아도 배고픈 줄 모르고 오직 한 가지 일에만 집중하여 결국 해냈어요.

아빠 정원에 주는 물과 소방 호스의 물이 다르지.

아들 소방 호스는 바로 맞으면 죽을 수도 있어요.

아빠 그게 바로 몰입이야. 몰입은 집중력이다. 나는 몰입을 잘하는 편인데 아마 검도를 오래 한 것이 도움이 된 거 같아. 검도는 잠시 방심하면 상대의 칼에 죽거든.

아들 주로 언제 몰입이 잘 되나요?

아빠 책을 읽을 때야. 최초의 몰입은 중3 여름방학 때였어. 이광수의 《유정》을 읽었는데 점심 먹고 읽기 시작했는데 다 읽고 나니 밖이 약간 어둡더라. 밖에 나가니 더운 바람이 불어오는데 마음속에서는 맑고 차가운 바람이 불어오는 것 같아 너무 기분이 좋았어. 매일 새벽에 일어나는 것도 그 시간에는 무엇을 해도 몰입이 잘 되기 때문이지.

아들　저는 정말 힘들던데요.

아빠　습관이 되면 정말 몰입이 잘 돼. 아빠가 너희들을 새벽형으로 만들려고 그렇게 애를 써도 안 되더라.

아들　저도 이제 조금씩 바뀌고 있어요.

아빠　몇 년 전에 절에 가서 한 시간 정도 명상을 하면서 몰입한 경험이 있어. 현재부터 시간을 거꾸로 돌리기로 마음먹고 최대한 천천히 필름을 돌렸지. 그런데 이상하게도 최근의 일이 생생하고 과거가 희미할 줄 알았는데 그 반대더라. 나이를 먹으면 그렇게 되나 봐.

아들　정말요?

아빠　최근의 일들은 작년에 일어난 일인지 재작년에 일어난 일인지 헷갈리는데 과거로 돌아갈수록 뚜렷하게 회상이 되었어. 그리고 최근은 연단위로 회상되었지만 과거의 일들은 월단위로 회상이 되는 거 있지.

아들　몇 살 때까지 기억이 났어요?

아빠　4살까지는 기억이 났어. 좀 더 과거로 돌리니까 희미하지만 뭔가 보였어. 내 왼쪽 옆에 아주머니 한 사람이 얌전하게 앉아있는 거야. 내가 누구시냐고 물었더니 한동안 말을 하지 않더니 자기가 나의 전생이래.

아들　와! 대박. 잠깐 연애했던 아줌마는 아니었을까요?

아빠　나는 속으로 '내가 전생에서는 여자로 살았구나' 생각했지. 그 아주머니 얼굴을 보니 내가 전생에서 착하게 산 것 같더라. 내가 그 이야기를 친구한테 하니까 '그때 깜빡 존 것 같다'고 하더구나.

아들 아빠는 친구에게 뭐라고 했어요?

아빠 나는 '그럴 수도 있겠다'고 했어. 지금도 모르겠어. 그게 정말 전생의 나의 모습인지, 잠깐 졸은 것인지, 아니면 상상인지…. 그런 것을 보면 부처님은 대단하신 분이야.

아들 왜요?

아빠 부처님은 29세에 출가하기 전만 하더라도 인생의 생로병사의 원리를 모르는 사람이었다.

아들 그런 분이 어떻게 6년 만에 깨달을 수 있었을까요?

아빠 그러니까 대단한 분이라고 하는 거지. 나는 두 가지로 생각해. 하나는 부처님이 머리가 대단히 좋은 분이었고, 또 하나는 몰입이라 생각해.

아들 머리가 좋은데 왜 그때까지 사람이 태어나면 늙고 죽는다는 것을 몰랐을까요?

아빠 좋은 환경 때문이야.

아들 아무리 그렇다고 하더라도 이해가 안 돼요. 좋은 환경에서는 공부를 더 잘할 수 있지 않나요? 좋은 선생도 많을 거고.

아빠 오히려 그 반대야. 부처님은 왕자로 태어나 부족한 것 하나 없는 왕궁에서 살았어. 아무리 머리가 좋아도 그걸 쓸 필요가 없었지. 성안에 늙은이와 병든 사람을 보이지 않게 하여 생로병사의 번뇌를 느낄 수 없게 하였어. 사람은 좋은 환경에서는 머리든 몸이든 약해질 수밖에 없어.

그다음에는 몰입이야. 6년이 긴 시간 같지만 대부분 고행으로 보내면서 피골이 상접해 해탈을 이루지 못했지. 그러다가 보리수 아래에 자리를 잡고 깊은 사색에 잠기어 35세에 깨달음을 얻게 된 것은 엄청난 몰입이 있었기 때문에 가능한 것이다.

나는 그런 경험이 없는데, 깨달음을 얻기 위해서는 거기에 쏟은 시간의 양도 중요하지만 엄청난 몰입이 있어야 돼.

'1만 시간의 법칙' 알지?

아들 네, 한 가지에 정통하려면 1만 시간을 투자해야 한다는 것 아니에요?

아빠 맞아. 하루에 3시간 투자하면 10년이 걸리고, 6시간 투자하면 5년이 걸리지. 부처님은 6시간이 아니라 먹고 잠자는 시간만 빼고 하루에 16시간 정도 투자했을 거야. 머리가 좋은 사람이 그 정도로 몰입하였으니 도가 통하는 것이지.

아들 아빠는 언제부터 새벽형이었어요?

아빠 고1 때부터였어.

아들 한창 잠이 많을 때였을 텐데 대단하세요.

아빠 네 할아버지의 영향을 많이 받았지.

아들 저는 왜 아빠의 영향을 못 받았을까요?

아빠 환경이나 유전자도 중요하지만 더 중요한 건 본인의 태도야. 나는 새벽 2시간을 나머지 22시간과 바꾸지 않을 정도야.

아들 그 정도예요? 새벽 시간의 어떤 점이 그렇게 아빠를 사로잡았어요?

아빠 새벽은 첫눈이야. 아무도 밟지 않은 눈 덮인 길이지.

아들 저도 그런 기분 알 것 같아요.

아빠 새벽은 때 묻지 않은 흰 도화지야. 새벽은 거기에 무엇을 그려야 할지 생각하는 시간이다. 새벽은 출항을 앞둔 배야. 해가 떠오를 무렵이면 출항을 알리는 고동 소리가 들리는 것 같아.

아들 저도 새벽형 인간이 되려고 노력하지만 새벽이 모두에게 좋은 시간이라고는 생각하지 않아요. 누군가에게는 오후가, 또 누군가에게는 심야가 가장 몰입이 잘 될 수도 있죠.

아빠 게으른 자들이 그런 말로 자기위안을 하지. 스님들은 새벽 3시에 일어나서 하루를 시작해.

아들 그건 절에서나 가능해요.

아빠 선택은 본인의 자유다. 나는 너희들을 새벽형 인간으로 바꾸는 과정에서 네 엄마와 싸우기도 많이 싸웠다.

아들 그 점에 대해서는 죄송해요. 저도 조금씩 바꾸고 있어요. 엄마가 반대한 건 새벽형이 필요 없다는 것이 아니라 일찍 잘 수 없는 현실을 감안한 거예요. 고등학교 때 집에 오면 밤 12시, 씻고 잠자리에 들면 1시가 넘는데 어떻게 새벽에 일어날 수 있겠어요.

아빠 그때는 그렇다고 하더라도 그 후에는 왜 안 되는 거야?

아들 조금씩 좋아지고 있어요.

아빠 이제는 부모가 어떻게 할 수 없다. 네가 알아서 해라.

경험

몰입은 능력이기도 하지만 습관이야

아들 지금까지 살아오면서 가장 몰입한 시기는 언제예요?

아빠 2002년 월드컵이 끝나고 아빠의 첫 책을 쓸 때였어. 그 후에
도 몰입한 경험은 수없이 많았지만 그때만큼은 아니었어.
그때는 모든 관심이 책 쓰는 거였어. 심지어 운전을 하면서
도 책 생각에 빠져 포항에서 대구에 갈 때 톨게이트를 세 개
나 놓쳤어. 동대구, 북대구, 서대구 다 놓치고 왜관까지 가
서 돌아왔다.

아들 운전하면서 그러면 위험해요.

아빠 당연히 위험한 줄 알지. 그때는 내가 만약 지금 죽는다고 해
도 두렵지 않지만 책이 세상에 못 나오고 죽는 것이 안타깝
다는 생각뿐이었어.

아들 정말 그 정도였어요?

아빠 그 정도로 뜨겁게 몰입한 시간이 지나니 뭔가가 나오더라.

아들 저도 그런 경험을 많이 할게요. 그래도 집은 잘 찾아와야겠
죠.

아빠 몰입은 능력이기도 하지만 습관이야. 식사의 즐거움은 식사
시간에 비례하지 않고, 여행의 즐거움이 여행한 시간에 비
례하지 않는 것처럼, 우리의 삶은 얼마나 오래 살았느냐가

아니라 얼마나 몰입하는 시간이 많은가로 결정된다. 몰입은 행복을 위해서도 꼭 필요해. 몰입의 순간에는 행복을 느낄 수 없어. 행복하다고 생각하는 순간 이미 몰입에서 벗어난 것이기 때문이다. 행복은 몰입의 상태에서 벗어날 때 밀려온다. 연주가가 음악에 몰입해 있을 때는 행복을 느낄 수 없지. 연주가 끝나고 관객들로부터 박수갈채가 쏟아질 때 극도의 행복이 몰려오는 것을 느껴.

아들 저도 프리젠테이션을 할 때 그런 기분을 느껴봤어요. 몰입 중에는 몰랐는데 마치고 박수를 받을 때 무척 행복했어요.

아빠 비행기가 이륙하려면 시속 몇 킬로로 가야 되는지 아니?

아들 한 200킬로는 넘어야 할 걸요.

아빠 시속 270킬로미터는 되어야 뜰 수 있어. 무슨 일을 이루려면 한 번은 뜨거워야 돼. 자신의 전부를 쏟지 않으면 큰일을 할 수 없어.

아들 날마다 뜨거울 수는 없지만 저도 노력할게요.

시간의 소중함을 모르는 사람이 있을까?

내가 한때 미친 듯이 했던 게임인 '월드 오브 워크래프트'의 고블린 NPC도 이런 대사를 한다. "시간은 금이라구, 친구."

역설적이게도 난 그 대사를 들으며 밤새도록 게임을 했고 다음 날 수업도 빼먹었다. 시간이 소중한 걸 누구나 알지만 소중하게 사용하는 사람은 생각보다 많지 않다.

흔히들 나태하고 게으르게 하루를, 한 달을, 일 년을 보내고 연말 즈음에 '시간이 왜 이렇게 빠른가' 하며 감상에 젖는다. 그리고는 다음 해에 똑같은 일상을 반복한다. 모두 내 이야기다.

이제 나는 정말 시간이 많지 않다. 31살에 취준생 신분이 되고 나서야 나는 1분 1초를 소중하게 사용하기 시작했다.

PART 11

희망

아 빠 의
말

꿈은 아름답지만 구름 속에 가려진 달이다.

삶은 녹록치 않지만 그래도 살아야 한다.

기본적인 삶을 꾸려가는 것이 특별한 것이 된 세상이다.

그렇다고 절망만 하고 있을 수는 없다.

세상을 바꿀 수 없으면 스스로가 바뀌어야 한다.

운명을 바꿀 수 없으니 운명을 받아들이고 사랑하자.

시련과 고난이 있더라도 언제나 사자 꿈을 꾸어야 한다.

그것은 포기하지 않는 정신이며,

자신의 한계를 극복하는 도전정신이다.

세태

요즘은 7포 세대까지 갔어요

아빠   요즘 네 또래의 청년들이 정말 힘들 것 같은데 어떻게 생각해?

아들   요즘 제가 온몸으로 절실하게 겪고 있죠. 우리 세대가 부모
세대보다 못 사는 유일한 세대래요.

아빠   이런 세태를 풍자한 헬조선, 이생망과 같은 신조어가 많던
데 너는 그런 말을 어떻게 생각하니?

아들   헬조선은 옛날에 나온 말이에요. 이미 조선이 헬인데 헬조
선이라는 단어는 동어반복이죠. 요즘은 이생망에다 '삼일절'
이라는 말도 있어요.

아빠   이생망은 "이번 생은 망했다"는 뜻인데 삼일절은 뭐지?

아들   "31세까지 취업 못 하면 절대 취업 못 한다"는 말이에요.

아빠   딱 너를 두고 하는 말 같아 내 마음이 무겁다.

아들   신조어를 보면 그 세태를 잘 알 수 있는데 이런 건 모르실 거
예요.

아빠 어떤 것?

아들 십장생, 십오야.

아빠 신조어를 좀 아는 편인데 잘 모르겠어.

아들 십장생은 "10대도 장차 백수를 생각해야 한다"예요.

아빠 그럼 십오야는?

아들 "15세만 되면 눈앞이 캄캄해진다."

아빠 웃을 일이 아니구나.

아들 그런 신조어가 늘어나고 있다는 건 그만큼 사회적, 경제적
으로 불안하다는 거예요. 아빠 세대는 허리띠 졸라매고 땀
흘려 일한 것을 자랑삼아 말하는데 저희 세대는 그렇게 일
하고 싶어도 일할 데가 없어요. 3포 세대라고 들어보셨죠?

아빠 젊은이들이 3가지, 연애, 결혼, 출산을 포기했다는 것 아니니?

아들 그럼 5포 세대는요?

아빠 5포는 또 뭐냐?

아들 3포에다 인간관계, 집까지 포기한 거죠.

아빠 인생에서 중요한 걸 다 포기하면 어쩌냐?

아들 이게 저희 잘못은 아니잖아요. 요즘에는 '문송합니다' 라는
말도 있어요.

아빠 대통령을 비하하는 말이니?

아들 그런 걸 의식했는지는 모르겠지만 원래 뜻은 "문과라서 죄
송합니다" 라는 말이에요. 문과가 취업이 안 되는 현실을 꼬
집은 말이죠.

아빠 어느 시대나 어려움이 없던 시대는 없었어.

아들   요즘은 7포 세대까지 갔어요.

아빠   그건 또 뭐냐?

아들   5포에다 꿈과 희망마저 포기한 거죠.

아빠   설상가상이구나.

아들   제 친구들 대부분은 공시족이거나 공무원이에요. 제가 얼마
전에 응시한 공기업 경쟁률이 얼만지 아세요?

아빠   50대 1정도 되지?

아들   120대 1이에요. 제가 80문제 중에서 4개 밖에 안 틀렸는데
떨어졌어요.

아빠   100점 만점으로 환산하면 95점인데 떨어졌단 말이지? 정말
할 말이 없다.

아들   고3 때보다 더 열심히 하는데도 안 되는 건 어쩔 수 없어요.
사람이 기계도 아닌데 만점을 먹는 게 쉽겠어요?

아빠   올해까지만 해보고 안 되면 다른 길을 가보자. 한 우물을 파
는 것도 정도껏 해야지 안 되겠다.

꿈
빨리 취업해서 독립해야죠

아들   아빠의 꿈은 뭐예요?

아빠 첫째는 나의 잠재력을 찾아 나의 꽃을 피우는 것이고, 둘째는 내가 사는 동안 이 세상을 보다 더 아름답게, 나를 아는 사람이 더욱 행복하게 하는 것이다. 마지막으로는 죽을 때 웃으면서 죽는 것이다.

아들 우와! 멋져요. 그런데 죽을 때 웃으면서 죽을 수 있는 사람이 과연 있을까요?

아빠 고도로 수양된 사람이 아니고는 없겠지. 그러니까 꿈이지. 죽을 때 웃는지 안 웃는지는 그때 가봐야 아는 거지만 그런 마음으로 살고 싶다는 거다.

아들 다른 사람들은 울고 있는데 아빠가 혼자 웃으면 이상하잖아요.

아빠 가는 사람이 편하게 가는데 울 필요가 없지.

아들 저도 지금 당장은 아니지만 간절한 꿈을 만들겠어요.

아빠 꿈을 꾼다고 이루어지는 것은 아니지만 꿈을 꾸지 않으면 절대로 이루어지지 않는다. 꿈을 생각만 하지 말고 종이에 적어 봐. 일단 황당한 것이라도 적어 봐. 모든 꿈은 이루어지기 전까지는 황당하게 보인다.

아들 그렇다면 바로 적어보겠어요.

(잠시 후)

아빠 뭐라고 적었니?

아들 한 번 보세요.

아빠 '돈, 여자, 결혼'. 네 나이 때는 그렇겠지. 그렇다고 돈(狂) 여자와 결혼하면 안 돼.

아들 썰렁해요. 아빠도 이제 아재 개그 수준에서 벗어나세요.

아빠 내 주변에선 이런 아재 개그도 해주는 사람이 없더라.

아들 빨리 취업해서 독립해야죠.

아빠 요즘 청년들이 정말 어려운 것 같아. 취업이 기본이 몇 십대 일이고 많으면 백대 일이 넘으니. 우리가 취업할 때도 쉬운 건 아니었는데 지금과 비교하면 수월했구나. 그런 점에서 기성세대로서 미안하다.

아들 이게 저희 세대의 운명인데 어쩌겠어요?

아빠 너는 앞으로 취업하면 어디에서 살 것 같니?

아들 그게 제 마음대로 안 되겠지만 서울에는 못 살 것 같아요. 일단 집 문제 때문에 공기업을 목표로 하는 게 제일 커요.

아빠 집 문제랑 공기업이랑 관계가 있니?

아들 공기업은 안정적인 것도 있지만 지방에서도 근무를 할 수 있기 때문이죠.

아빠 나도 대도시는 싫어. 하기야 그들도 거기에서 살고 싶어서 사는 것도 아니겠지만…. 릴케는 《말테의 수기》 첫 문장에서 "사람들은 살기 위해서 도시로 오는데 나는 오히려 사람들이 여기서 죽을 것 같다는 생각이 든다"고 했다. 부동산이 올라도 너무 올랐어. 너무 복잡한 건 싫어. 인구 백만 정도의 도시가 좋을 것 같아.

아들 저도 그렇게 생각해요. 대도시는 부동산 문제뿐만 아니라 출퇴근 시간도 많이 걸려요.

아빠 한 시간 이내에 출퇴근이 가능하고 주말에는 가족들과 가까운 야외에 나가서 바람을 쐬고 오는 것이 소시민의 소박한 꿈인 것 같지만 그게 쉬운 게 아니야. 너는 아직 젊어서 그런 생각을 안 하겠지만 나중에 은퇴해서는 텃밭이 딸린 전원에서 땅을 밟고 직접 가꾼 유기농 채소를 식탁에 올려 가족들과 함께 식사하는 것도 정말 쉬운 일이 아니지.

아들 아빠는 그렇게 살고 계시잖아요.

아빠 그게 쉽게 된 것 같이 보이지만 어려움이 많았어.

아들 제가 중고등학교 다닐 때 아빠가 차로 태워주신다고 정말 수고 많으셨어요.

아빠 그때는 힘들었지만 지금 생각하니 아름다운 추억이었다.

실존
실존이 본질에 앞선다고요?

아들 "실존은 본질에 앞선다"는 말이 있는데 이게 무슨 뜻이에요? 네이버에 검색해서 읽어봐도 잘 모르겠어요.

아빠 그 말은 사르트르가 한 말인데 그 말을 이해하려면 '실존'이 무엇이고, '본질'이 무엇인지부터 알아야 해. 먼저 '본질'은 어떤 것이 존재하는 이유, 목적을 말한다.

아들 그럼 실존은요?

아빠 실존은 그냥 '실제 존재'하는 것이지.

아들 그러면 사르트르가 한 말은 '실제 존재하는 것은 존재하는
이유와 목적보다 더 우선한다'는 말이겠네요.

아빠 그렇지. 존재가 본질보다 더 중요하다는 것은 사람에게만
해당되지 사물에는 해당이 안 돼. 사물에는 오히려 본질이
중요해.
물건은 그것을 만든 이유와 목적이 있는데 그것을 충족시키
지 못하면 가치가 없는 것이지. 예를 들면 톱은 자르는 것이
본질인데 자르지 못한다면 의미가 없지. 그러나 사람은 달
라. 사람은 목적이 없어. 그냥 태어나고, 그냥 사는 것이지.

아들 사람은 사는 것 자체가 중요하지 본질이 중요한 게 아니라
는 말씀이군요. 비싼 운동화를 감상만 하는 사람들이 생각
나네요. 운동화는 말 그대로 신고 운동하라고 만든 건데 말
이에요.

아빠 그렇지. 운동화의 본질은 신발장 안에 있는 것이 아니라 발
을 보호하는 것이지. 그러나 사람의 본질은 없어. 누구나 같
은 사람이야. 모든 사람의 삶은 가치가 있고 소중한 거야.
사르트르의 말은 존재 자체가 사람이 가진 본질적 특성이나
목적보다 우선한다는 개념이다.

아들 아무리 나쁜 사람이라도 존재 자체가 중요하다는 것이군요.
그러니까 사람을 볼 때 그 자체로 봐야지 외모나 능력을 보
고 판단하지 말란 거네요.

아빠 그렇지. 누구도 인간을 단지 대상물로 간주하거나 수단으로

이용해서는 안 된다는 거야. 사람으로 태어난 이상 현실이 어려워도 지금 살아있다는 것이 더 중요하고, 어떤 이유든 삶을 포기할 정도로 큰일은 없다는 것이다.

코페르니쿠스의 지동설을 지지한 갈릴레오는 로마교황청의 반발을 사서 일흔 살의 나이에 종교재판을 받았어. 그는 거기서 어떻게 행동했을까?

아들 "그래도 지구는 돈다"고 하지 않았나요?

아빠 그 말은 그의 견해를 완전히 포기하고 친필로 서명을 마치고 나오면서 혼잣말로 했다고 알려져 있는데 실제 그 말을 했는지는 정확하게 몰라. 정확한 것은 그가 자신의 견해를 잠시 버렸다는 것이야.

아들 죽음 앞에서는 본질이나 진실이 중요한 것이 아니군요.

아빠 당시 신성 모독죄는 화형에 처해졌어. 그가 자신의 주장을 굽혀 진실보다 목숨을 선택한 것은 잘한 일이지. 지구가 돌든 태양이 돌든 그게 중요한 게 아니야. 일단 살아야 하는 것이 중요하지. 진실은 언젠가는 밝혀지게 되어 있고 목숨은 하나뿐이야. 그것이 실존주의 철학과 맥락이 비슷한 거라 생각해.

아들 그런데 사람들은 너무 쉽게 절망하고 목숨을 너무 쉽게 포기하는 것 같아요.

아빠 자살률 최고, 출산율 최저, 안타깝지만 그게 우리 현실이야.

갈등
세상이 공정하다고 생각하세요?

아들 세상이 공정하다고 생각하세요?

아빠 그렇지 않다고 생각해. 우리 사회의 공정성은 병역, 입시, 취업이 1차적 판단기준이다. 촛불 시위도 처음에는 태블릿 PC로 시작되었지만 폭발한 것은 대입 특혜였어.

아들 부모가 누구냐에 따라 대학 간판이 달라지고, 군에 가고 안 가고가 결정되는 것이 공정한 건가요? 누구는 계단으로 올라가고 누구는 엘리베이터로 옥상에 올라간다면 이게 공평인가요?

아빠 당연히 아니지. 그런 갈등을 통해 비정상이 정상으로 가고 있다고 생각해. 요즘이 더 엉망인 것 같지만 사실은 과거가 더 엉망이었어. 그때는 무슨 일이 있었는지 알지도 못하고 넘어간 일도 많았는데 요즘은 거의 밝혀지잖아.

아들 요즘은 사회적인 갈등이 심각해서 터지기 직전 같아요.

아빠 어떤 게 가장 심하다고 생각해?

아들 젠더갈등이에요.

아빠 남녀갈등 말이지?

아들 우리사회에 정말로 남녀차별이란 것이 존재할까요?

아빠 법적으로는 여성차별이 없지만 정서적으로는 아직 조금 남아있는 것 같다.

아들 과거 엄마 세대는 여성 차별이 있었던 건 분명하지만 요즘
은 세상이 바뀌었잖아요. 아빠도 느끼시죠? 우리 집만 하더
라도 엄마 파워가 얼마나 센지. 피해를 입은 건 부모 세대의
여성이고 저는 남자라고 혜택을 누린 것도 없는데 지금 와
서 성평등이라며 역차별을 받고 있는 것 같아요. 이런 사회
분위기는 비정상이라고 생각해요. 거기에 맞추는 정책도 기
형적이라고 생각해요.

아빠 조선시대부터 수백 년간 남자 쪽으로 기울어진 운동장이었
는데 지금은 오히려 여자 쪽으로 기울어진 운동장 같아서
어떤 면에서 남자들이 역차별을 받는 것 같더라.

아들 민주주의가 발달된 미국에서도 아직 여성대통령이 없었는
데 우리는 벌써 여성이 대통령이 된 나라예요. 그러면 이미
남녀평등이 이루어진 거라고요. 그런데 장관을 여성에게 30
퍼센트씩 우선적으로 할당한다는 건 남성에 대한 역차별이
아닌가요?

아빠 여성할당제는 나도 반대야. 같은 실력인데 여성이라는 것
때문에 차별을 받는다면 문제지만 여성이기 때문에 우선적
으로 몇 퍼센트를 할당해야 하는 건 뭔지 모르겠어. 요즘은
정말 남자로 사는 것이 힘든 시대인 것 같다. 오히려 힘이
여자들에게로 쏠린 것 같아. 할 수만 있다면 여자로 한 번
살아보고 싶다.

아들 우리 집도 그래요. 엄마가 다 계획한 대로 가고 있잖아요.

아빠가 반대한다고 해서 안 된 게 뭐가 있어요?

아빠 다 잊고 살아가려고 하는데 네가 아픈 과거를 또 건드리는 구나.

아들 이제 남녀갈등을 넘어 혐오시대가 온 것 같아요. 혜화역 시위와 강남역 살인사건 시위를 보면 집회를 가장한 혐오 파티에요. 아빠도 한번 유튜브에서 그 시위를 보세요. 5분 이상 보기 힘들 거예요. 오죽하면 여자도 징병하자는 정책들도 나오고 있겠어요?

아빠 우리나라는 1999년 헌재에서 군 가산점제도를 평등권에 위배된다고 폐지시켰어. 반면 미국은 군필자 우선 고용이 군복무의 희생에 대한 보상으로 전통적으로 정당화되어 왔어. 정치인들은 표를 얻어야 살 수 있는 사람이니까 '이대녀(20대 여자)'의 표를 의식할 수밖에 없지.

아들 이대녀의 표만 표이고 이대남의 표는 표가 아닌가요?

아빠 정치인들 대부분이 남자들이지만 자신은 이미 기득권이고 남자들보다 여자들의 표가 결집력이 강하다고 봤겠지.

아들 요즘 같은 세상에 남자로 태어난 것이 억울해요. 군 가산점을 인정하지 않으려면 여자도 군대에 가야 하는 것 아니에요? 요즘은 여자들이 전투기도 몰고, 배도 타던데…. 엄마한테 이런 걸 물어보면 어떻게 나올까요?

아빠 그럼 "남자들도 애 낳고 키워 봐라"고 하겠지. 여자들이 안 하려고 해서 그렇지 하려고만 한다면 할 일이 많아. 요즘 과거처럼 군대에서도 빡빡 기는 것은 하지 않잖아. 의무병, 전

산병, 행정병과 같이 여자들이 할 수 있는 분야가 많아.

아들 드라마를 보면 여자가 남자에게 폭력을 쓰는 장면이 많이 나와요. 남자가 여자에게 폭력을 쓰는 건 거의 없어요. 만약 있다면 여성비하라고 난리가 날걸요.

아빠 유머는 시대상을 반영하는데 요즘은 남성비하 유머가 너무 많아.

아들 어떤 거요?

아빠 '삼식이'부터 시작해서 이루 나열할 수가 없을 정도야.

아들 집에서 세끼 다 먹으면 삼식이죠?

아빠 나는 삼식이는 안 돼야지. 아예 내가 요리를 하는 게 낫겠다. 어느 집이든 남자가 있으면 여자가 있기 마련이고, 누군가가 혜택을 좀 보면 그 사람이 누군가의 아들이고, 오빠나 동생 인데 이해관계가 너무 첨예하게 대립되어 있는 게 문제야.

아들 우리 집도 예외가 아니에요. 누나들하고 얘기해보면 여전히 시각차가 많은 것을 느껴요.

아빠 이 또한 제자리로 가기 위한 과정이라 생각해.

집값

모두가 강남에 살아야 되는 것은 아니잖아?

아빠 우리나라 출산율을 높이기 위한 걸림돌 중 딱 한 가지만 말한다면 뭐일 거 같아?

아들 집값이에요. 제가 중학생인가 고등학생 때 이런 뉴스를 봤어요. '강남 아파트, 직장인이 10년 동안 일만 하고 저축만 해야 살 수 있다.' 지금 생각해 보니 참 낭만 있는 시대였네요. 10년만 저축하면 강남에 아파트를 살 수 있다니. 지금은 평생을 주 7일, 24시간 일해도 꿈도 못 꾸는 이야기죠.

아빠 모든 사람들이 강남에 살아야 되는 것은 아니잖아?

아들 안 사는 것과 사고 싶어도 못 사는 건 다르죠. 영업을 그만 둔 것을 처음엔 후회했어요.

아빠 왜? 네가 원해서 그만뒀잖아.

아들 회사생활을 1년 정도 하니까 건강에 적신호가 오고 거울 앞에 선 제 모습에서 청춘이 사라진 것 같았어요. 당장 그만두지 않으면 건강에 탈이 날 것만 같았죠.

그런데 당장 통장에 찍히던 높은 월급이 없어지니 많이 허전했죠. 커진 씀씀이를 줄이는데도 시간이 걸렸고요. 공기업을 준비하는 것도 어렵지만 합격하고 나서도 급여에 만족할 수 있을까 라는 생각을 했어요.

아빠   공기업이 안정적이라는 것 때문에 선호를 하는데 나는 별로 라 생각해. 글로벌 기업에 있어봐서 잘 아는데 있을 때는 좋지만 훗날 그게 또 약점이 되지. 너의 영업 경험은 소중한 거야.

아들   근데 요즘은 영업 그만두길 잘했다고 생각해요. 집값 때문이에요. 내가 월급을 천만 원을 받든, 최저시급으로 200만 원을 받든 집은 똑같이 못 살 것 같은데, 왜 남들보다 자존심 상해가며 몸 써가며 영업을 해야 하지 라는 생각을 했어요. 지방만 해도 이런 생각을 하는데 서울은 오죽하겠어요. 정말 무주택자들은 평생 임대아파트에 가족 3명과 반려견과 함께 살아야 할까요?

아빠   집도 좁은데 개를 꼭 키워야 하나?

아들   아빠! 요즘 젊은 사람들한테는 개도 가족이에요.

아빠   친한 후배가 집에 개를 데려왔는데 늙어서 잘 걷지도 못하더라. 놀란 것은 녹내장 수술에 400만원이 들어갔다더구나. 그 정도 되면 안락사를 시켜야 되는 것 아니냐?

아들   개도 가족인데 어떻게 그럴 수 있어요?

아빠   그렇긴 하지만 개한테 400만원이면, 그 돈이면 소도 살 수 있겠다.

아들   개소리는 이제 그만 해요.

아빠   뭐, 개소리? 하하. 개소리는 네가 먼저 했어.

주식
가상화폐는 어떻게 생각하세요?

아빠 너 주식하는 것 잘 되어가니?

아들 작년에 주식이 역사적으로 많이 올랐죠? 저도 생각 없이 갖고 있던 주식이 운 좋게 올라서 기분이 좋았지만, 요즘은 코인판으로 다 옮겨가서 그런지 영 힘이 없네요.

아빠 요즘 너무 과열 아니니?

아들 좀 그렇긴 한데 미국이 워낙 좋으니까 전 세계적으로 다 좋은 것 같아요.

아빠 잘 나갈 때 조심해야 돼.

아들 요즘 젊은 사람들도 회사에서 9시만 되면 전부 화장실에 간다고 하더라고요. 저도 독서실에서 공부를 하면서 주식 어플 보는 걸 참기 위해 부단히 노력하고 있지만 돈이 걸린 일이기 때문에 잘 안 돼요.

아빠 너무 돈에 신경을 쓰면 마음이 삭막해져.

아들 돈에 신경 안 쓸 수가 있나요? 아빠는 장투와 단타 중 어떤 스타일이세요?

아빠 장기투자도 답은 아니고 단타도 하면 될 것 같지만 생각대로 안 돼. 올라가서 사면 떨어지고, 떨어져서 팔고 난 후 올라갈 때는 정말 세상이 싫어져.

290

아들 가상화폐는 어떻게 생각하세요?

아빠 나는 주식투자는 찬성이지만 가상화폐는 반대야. 블록체인
이니 해서 2030들이 많이 하고 있지만 사회적으로 큰 문제
라고 생각해.

주식은 실체가 있지만 가상화폐는 실체가 없잖아. 실체가
없는데 투자하는 것은 너무 위험해. 이건 투자가 아니라 투
기야. 결과는 뻔해. 엄청난 거품을 만들고 결국 터지면 남는
거 없이 꽝이야. 이건 폭탄돌리기라 생각해. 일단 비싸더라
도 나중 사람이 더 비싼 가격에 사 줄 것이라는 생각으로 사
지만 결국 최후의 바보는 장렬하게 산화하겠지. 그게 내가
아니면 된다는 생각으로 사는 거잖아.

아들 물론 비정상적인 것은 맞지만 뉴스에서는 주식이나 가상화
폐에 이렇게 사람들이 몰리는 걸 '광풍'이라고 표현해가며
너무 부정적인 시선으로만 바라보더라고요. 제 생각은 왜
이렇게 사람들이 몰리게 되었는가도 함께 봐야 한다고 생각
해요. 매년 최고가를 갱신하는 아파트, 물가인상률을 따라
잡지 못하는 예적금 금리, 그 와중에 치솟는 증시와 코인시
장… 이 상황에서 주식과 가상화폐를 안 하는 것이 더 바보
같은 것 아닐까요? 물가상승률이 이자보다 높은데 저축은
그냥 돈을 깎아먹는 행위에요.

아빠 다 인정한다. 그 점에 대해서는 기성세대로서 미안하게 생
각해.

아들 저도 작년에 도저히 참을 수가 없어 아빠 몰래 비트코인을

했어요,

아빠 정말? 얼마나 했는데? 지금 어떻게 되었니?

아들 네. 5백만 원으로 시작해서 5백만 원을 벌고 나왔어요. 지금
은 그때보다 엄청 올랐어요. 가끔 폭락할 때도 있지만 좀 참
고 있으면 폭등하는 재미로 하죠. 한 번 발을 들이면 빼기
힘들 정도로 중독성이 있어요. 만약 지금까지 가지고 있었
다면 따따블은 됐을 거예요.

아빠 그게 바로 불행의 시작이야. 그때 잘 나왔다. 주식은 거래시
간이 정해져 있지만 그건 24시간 돌아가는데 잠이라도 제대
로 잘 수 있겠니? 오르면 오른 대로 불안해서 못 자고 떨어
지면 속상해서 못 자고, 사는 게 아니야.

아들 돈이 뻔히 보이는데 안 하고 있자니 나만 바보 되는 느낌이
에요. 포모(FOMO)라는 말을 아세요?

아빠 들어본 것 같은데, 뭐지?

아들 'Fear Of Missing Out' 이라는 말인데, 주식이나 부동산, 코
인이 없는 것에 대한 공포예요.

아빠 그렇다면 없어도 되는 돈만 가지고 해봐라.

아들 없어도 되는 돈이 어디 있어요? 한 달 월급 정도로 해보는
건 어떨까요?

아빠 그것도 많다. 한 달 용돈 정도로 해봐. 그 이상은 안 된다. 만
약 조금 땄다고 욕심부리면 안 된다. 카지노에서 장난으로
하는 정도로 해봐라. 이건 도박이나 마찬가지야.

아들 그렇게 해서 언제 집 사나요?

아빠 그 이상은 안 돼. 장난은 장난으로 그쳐야지. 지금 전 세계
에서 거래되는 가상화폐는 수천 종류를 넘고 지금 이 순간
에도 새롭게 생겨나고 있다. 앞으로 얼마나 더 늘어날지 몰
라. 블록체인 기술을 기반으로 하는 가상화폐는 프로그램을
조금만 알면 이제는 누구나 쉽게 만들 수 있어. 기존 가상화
폐의 설계도인 소스코드만 있으면 쉽게 따라 만들 수 있기
때문이지. 정부에서는 지금 가상화폐에 대해 어떤 기준이
없어. 결국 정부가 가상화폐까지 보호할 수 없기 때문에 언
젠가 규제를 할 수밖에 없어. 중국은 벌써 규제를 하고 있잖
아. 이제 끝이 보여. 만약 가상화폐가 꼭 필요하다면 정부에
서 관장하는 중앙은행에서 발행해야지 왜 발행 주체가 누구
인지도 모르는 것을 써야 하겠니? 말도 안 돼. 그렇게 되면
지금 거래되는 가상화폐는 무용지물이 될 수도 있다.

아들 제가 봐도 가상화폐는 끝은 분명히 있는데 그 끝을 알 수 없
으니 유혹을 참기 어려운 거죠.

아빠 뭐든 광풍은 오래 못 가. 네덜란드의 튜울립 광풍, 20년 전
의 인터넷 광풍이 그랬듯이 이것도 결국은 터질 것이다. '물
극필반(物極必反)' 이라는 말이 있어.

아들 그게 뭐죠?

아빠 사물의 전개가 극에 달하면 반드시 반전한다는 뜻이지. 자
연의 법칙을 거스를 수는 없어.

아들 물론 그런 말도 있지만 이게 끝인지 아닌지 어떻게 알죠? 거
품 있는 맥주가 맛있지 않나요?

아빠 죽어봐야 지옥 맛을 알겠니? 가장 확실한 투자는 자신에게 하는 투자야. 긴 인생 멀리 보고 가야지 눈앞만 보고 갈 순 없다.

절망

결혼은 엄두도 못 내죠

아빠 아들아! 아무리 어렵더라도 절망만 할 수는 없다. 물극필반의 필(必)자를 기억해라.

아들 부모 잘 만난 금수저들은 몰라도 요즘 젊은이들은 희망이 없어요.
부동산은 너무 올라 집 살 엄두가 안 나죠. 취업은 하늘의 별따기죠. 기성세대들은 빚내서 주식하는 젊은이들을 보면 한심하다고 생각할지 모르지만 젊은이들은 가만히 앉아서 벼락거지가 되는 것보다 위험한 줄 알지만 그렇게 해서라도 희망을 가져보는 거예요. 그런 걸 비난하기 전에 역지사지의 마음으로 바라봤다면 그런 말을 할 수 없을 거예요.

아빠 기성세대로서 미안하다. 눈보라가 쳐서 앞이 안 보인다고 함부로 운전을 할 수 없지 않니. 그럴수록 허망한 소원에 매달리지 말고 현실적인 삶에 더 성실해라.

아들 저도 그렇게 소박하게 살고 싶어요. 지금은 그렇게 살다가
      는 거지 되기 십상이에요.

아빠 비정상은 오래 못 간다. 부동산은 금방 꺼지지는 않겠지만
      가상화폐는 절대 오래 못 간다. 이건 아빠를 믿어도 돼.

아들 저도 그렇게 생각하고 지금은 안 해요. 앞으로도 할 생각이
      없어요. 그래도 다른 데서 얼마 벌었느니 그런 소리를 들으
      면 마음이 흔들리는 것은 어쩔 수 없어요.

아빠 다른 건 몰라도 부동산 가격이 이렇게 높은 것은 미래세대
      의 기회를 뺏는 것이지. 지금 너희 세대는 따뜻한 방에서 편
      하게 잘 있다가 밖으로 나가려고 하니 눈보라가 치고 앞이
      보이지 않는 거잖아.

아들 그렇죠. 이 세상에 태어나 보니 세상은 편리한데 살아가는
      데 꼭 필요한 집은 엄두도 못 내지요, 학교에서 배울 만큼 배
      웠는데 일 좀 해보려고 하니 가는 곳마다 꽉 막혀 있지요, 그
      러니 결혼은 엄두도 못 내죠.

아빠 모든 것은 끝이 있기 마련이야. 많은 사람들의 공통적인 문
      제는 반드시 해결되는 쪽으로 흘러가게 되어 있어. 지금 전
      세계를 괴롭히고 있는 코로나도 조만간 해결될 거야.

아들 하나가 해결되면 또 다른 문제가 나오겠죠.

아빠 인류의 역사가 그랬지. 사는 것은 문제 해결의 연속이야. 교
      통체증은 차가 훨씬 적었던 80년대 말에는 더 심했다.

아들 정말요? 그런데 어떻게 했는데요?

아빠 차도 많이 늘어났지만 도로가 많이 생기고, KTX, 지하철, 고

가도로 등 많은 기반시설이 만들어졌지. 대중교통도 굉장히 좋아졌어. 도시에도 차가 상습적으로 밀려 도저히 방법이 없을 것 같았는데 결국 해결이 되더라. 우회도로가 생기고, 자동차 전용도로가 생겨 더 한산해진 느낌이야. 인간이 해결 못할 일은 없다고 생각해.

아들　환경도 날로 악화되고 있잖아요. 이것도 지금 기성세대가 후세대들의 몫을 미리 가불해서 쓰는 거라고요.

아빠　그 말도 맞아. 환경도 지금 한계에 와 있지만 인류의 지혜와 지식으로 어느 정도는 해결될 거라고 생각해.

아들　대기오염도 문제지만 바다의 폐플라스틱도 심각하대요.

아빠　그것도 인류 공통의 문제이기 때문에 결국 해결될 것으로 본다. 지중해에서 플라스틱을 먹는 해초가 있대. 그런 것이 대안이 될 수 있어.

아들　아빠는 세상을 너무 낙관적으로 보는 것 아니에요?

아빠　근거 없는 낙관은 위험하지만 아빠는 근거를 가지고 말한다. 옛날부터 세상은 말세였고, 요즘 애들은 버릇없다는 소리 들었어. 그런 애들이 지금까지 살아오면서 인류의 위대한 문명을 만들었다.

아들　인류의 집단지성을 한 번 믿어보겠습니다.

아빠　부동산도 마찬가지여야. 부동산은 지금이 끝물인 것 같아. 우리도 과거 일본을 닮아갈 수밖에 없어,

아들　그러면서 끝없이 오르고 있잖아요.

아빠　문제는 인구다. 우리나라 출산율이 세계 최저야. 작년부터

총인구수가 줄어들고 있어. 인구가 줄어드는데 집값이 오른다는 것이 이상해. 이건 수요의 증가에서 오는 게 아니라 투기 심리에서 오는 거지. 이런 건 상황이 바뀌면 언제든지 바뀔 수 있어.

아들 지금 이상한 일이 눈앞에 펼쳐지고 있어요. 저희 또래의 반정도는 결혼을 꼭 해야 된다고 생각을 안 해요.

아빠 너는?

아들 저는 그렇지는 않아요.

아빠 트렌드는 잘 바뀌지 않지만 일단 방향을 잡으면 다시 돌리기 어려워. 네가 태어나기 전만 하더라도 인구가 많아서 걱정이었다. 지금 그런 이야기를 하면 이상한 사람 같지만 그때는 예비군훈련 가면 가족협회에서 나와서 정관수술을 장려했어. 요즘은 애 낳으면 장려금도 주고 양육비도 주지만 네가 태어날 때는 셋째라고 의료보험도 적용 안 되더라. 네 누나들은 병원비가 5만원이었는데 너는 20만원 들었어. 그런데 세상이 이렇게 바뀌었다. 앞으로 언제 어떻게 바뀔지 몰라.

아들 인구 문제는 정말 심각한 것 같아요. 우리 세대는 3포 세대, 5포 세대를 지나 N포 세대라고 불리잖아요. 젊은 사람들이 결혼할 생각을 안 해요. 안 하는 게 아니라 못 하는 거예요.

아빠 출산 문제를 해소하기 위해 정부에서 지난 10년간 150조를 퍼부어도 효과가 전혀 없고 오히려 점점 더 나빠지고 있어. 그게 더 큰 문제다.

아들 IMF에서는 우리나라 출산율이 떨어지는 것을 보고 '집단자살'이란 표현을 썼대요.

아빠 세상이 이렇게 바뀔 줄 그때는 몰랐다. 30년 전에 세상이 이렇게 바뀔 줄 몰랐듯이 앞으로의 세상은 어떻게 바뀔지 몰라. 미래를 너무 걱정할 필요는 없어. 인류가 지금까지 살아오면서 걱정이 없던 시기는 한 번도 없었어. 그런 과정을 겪으면서 지금까지 온 거야. 아모르파티 알지?

아들 예, 알아요. 김연자 트로트잖아요.

아빠 그것 말고. 니체가 말한 "너 자신의 운명을 사랑하라"는 뜻의 아모르파티(amor fati) 말이야.

아들 니체의 핵심 사상인데 당연히 알죠. 아모르가 사랑이잖아요. 지금 이 상황을 운명으로 받아들이라는 거예요?

아빠 안 받아들이면 어떡하겠니? 운명은 피하는 사람에게는 가혹하고 적극적으로 받아들이는 사람에게는 약해. 운명을 받아들이는 데에서 한 걸음 더 나아가 운명을 사랑하라는 말이다. 삶이 만족스럽지 않거나 힘들더라도 자신의 운명을 받아들여야 한다는 것이지. 사랑을 할 때도 그 사람의 과거와 미래 그리고 운명까지 사랑해야 하듯이 삶도 마찬가지야. 자신의 삶에서 일어나고 있는 고통과 어려움까지도 받아들이는 적극적인 삶의 태도를 가져야 돼.

아들 그렇게 말한 니체는 자신의 운명을 사랑했나요?

아빠 물론이지. 니체는 건강이 매우 좋지 않았어. 시력도 안 좋았고 복통과 만성두통에 시달렸어. 철학자에게는 치명적이지.

아들 그런데 어떻게 그 많은 책을 어떻게 썼어요?

아빠 그건 머리가 잠시 맑을 때 쓴 거지. 그래서 니체의 글은 짧게 딱딱 끊어져. 두통 때문에 길게 쓸 수가 없었어. 말년에는 정신이상으로 10년간 병원신세를 졌어. 그런 사람인데도 자신의 운명을 사랑했지.

아들 네, 알겠습니다. 현실을 탓하기 전에 '아모르 파티' 하겠습니다.

계획
저녁이 있는 삶을 살고 싶어요

아빠 우물을 파는데 물이 안 나오면 어떻게 해야 할까?

아들 물이 나올 때까지 파야죠. 한 우물을 파라는 속담도 있잖아요.

아빠 강에서 그물을 계속 던지는데 고기가 안 잡히면 어떻게 해야 할까?

아들 다른 곳으로 가서 던져야죠. 더 깊은 곳으로 가야 돼요.

아빠 왜 비슷한 질문에 다른 답을 할까?

아들 글쎄요. 헷갈려요.

아빠 네가 다른 답을 했지만 결국은 같은 답을 한 것이다.

아들 어떻게요?

아빠 원하는 것을 얻기 위해 더 깊은 곳으로 가는 것이다. 예수님
도 베드로가 밤새도록 애썼지만 고기를 한 마리도 잡지 못
하자 깊은 데로 가서 그물을 내려 고기를 잡으라고 하셨다.

아들 제게도 다 계획이 있어요.

아빠 어떤 계획?

아들 여기에 올인 했는데도 올 연말까지 결과가 안 좋게 나온다
면 제 길이 아니라 생각하고 다른 길을 가려고 생각해요.

아빠 사기업도 다시 한 번 생각해 봐. 아빠도 공기업 성격의 회사
에 있어봐서 잘 알아. 있을 때는 좋아. '좋은 것은 더 좋은 것
이 적(敵)'이란 말처럼 전직하기에는 안 좋아. 정년까지 간
다고 하더라도 평균수명을 생각하면 재취업을 하거나 자기
일을 하기에는 공기업이 좋은 곳은 아니야.

아들 포인트를 잘못 알고 계신 것 같아요. 제가 사기업을 퇴사한
건 공기업의 정년보장 때문이 아니에요. 어딜 가든 정년은
바라지도 않고 기대도 안 해요.

아빠 그럼 왜 나왔니? 그리고 왜 공기업을 준비하는 거니?

아들 저녁이 있기 때문이에요. 몇 년 전 정치인의 '저녁이 있는 삶'
슬로건이 히트를 쳤죠? 저도 그 문구가 참 와 닿았는데 생각
해보니 이상하더라고요. 우리 삶은 원래 저녁이 있는데 왜
당연한 말이 이렇게 와 닿았을까? 저녁이 없기 때문이겠죠.

아빠 사기업도 요즘은 일찍 퇴근해. 옛날과 달라.

아들 공무원이 박봉인 것 모르는 사람이 있을까요? 그러면 왜 공
시생들이 그렇게 많겠어요? 그리고 연봉 많이 주는 대기업

에서 나와서 왜 몇 년 씩 공부해서 그 박봉을 받으려 하는 걸까요?

저도 사기업에 1년간 있어 보았더니 처음에 너무 힘들더라고요. 처음 3개월 동안은 퇴근하면서 차 안에서 운적도 많았어요.

아빠 그랬었구나. 왜 그때는 얘기하지 않았니?

아들 그걸 어떻게 다 이야기해요? 얘기한다고 해결될 것도 아니잖아요.

아빠 그다음부터는 어떻게 지냈니?

아들 시간이 지나고 나니 업무 파악도 되고 까다로운 상사와도 관계가 어느 정도 회복되었어요.

아빠 무엇이 가장 힘들었어?

아들 역시 사람이었어요. 등산가를 힘들게 하는 것은 높은 산이 아니라 신발 속의 작은 돌멩이였어요.

아빠 그 돌을 어떻게 했니?

아들 빼지는 못하고 시간이 지나다 보니 발이 적응되었어요.

아빠 그런 사람은 어딜 가나 있기 마련이지. 사람 사는 데는 다 비슷해. 공기업은 선남선녀만 있는 줄 아니? 남의 집 잔디가 더 푸르게 보이는 법이야.

아들 공기업은 출퇴근 시간이 정해져 있지만 영업은 그게 없어요.

아빠 그게 없는 게 단점이 될 수 있지만 장점이 될 수도 있어. 다 좋을 수는 없지. 사람들이 공무원, 공기업 하는데 미래에는 어떻게 변할지 몰라.

아들 설마 나라가 어찌되겠어요?

아빠 언제 민영화될지 그건 모르는 일이야. 현재 출산율이면 교
사나 교수들도 불안전할 수 있어. 지금의 기준으로 미래를
볼 수는 없어. 공시족이나 공기업 지망자가 많다는 것은 그
만큼 이 분야가 레드오션이라는 말이다.

아들 저는 그렇게 안 봐요. 그만한 이유가 있기 때문에 사람들이
몰린다고 생각해요.

아빠 나는 너같이 성격이 활달하고 관계를 잘하는 사람은 사기
업에 들어가서 꽃을 한 번 피우는 것이 좋지 않을까 생각해.
대기업이 어려우면 중소기업도 잘 찾아보면 괜찮은 데가 있
어. 네가 지금은 공기업을 준비하지만 처음 취업 준비를 할
때는 대기업 위주로 준비를 했었잖아. 왜 중소기업 쪽으로
는 준비를 안 했니?

아들 머슴을 해도 양반집에서 하라는 말이 있죠.

아빠 취준생들은 항상 일자리가 없다 하고 중소기업은 매년 사람
이 없다 그래. 너무 쉽고 편한 일만 찾으려고 하는 것 아닐
까?

아들 사람답게 일할 직장을 찾는 거죠. 물론 숨겨진 신의 직장들
이 가끔씩 있다고는 하지만, 대부분의 중소기업들이 인력은
인력대로 갈아넣으면서 기본적인 복지도 못 챙겨주는 경우
가 많아요.

아빠 그래도 미래를 그려볼 수는 있지 않니?

아들 회사에서 제 미래를 그리고 싶지 않아요. 자기계발은 직장이 아니라 퇴근 후에 이뤄지는 거라 생각해요.

아빠 왜 부정적으로만 생각하니? 한 곳에서 열심히 해서 그곳에서 크든지 아니면 몸값을 높여 다른 데로 전직을 할 수도 있잖아. 고액연봉자는 한 직장에서 승진한 사람도 있지만 전직하면서 몸값을 올린 사람이 더 많아. 자신의 날개를 믿는 새는 앉을 때 가지가 부러질까 두려워하지 않아. 긍정적으로 생각을 해야지. 미래를 하나의 모습으로 한정하지 마라. 언제 어떻게 될지 알 수 없는 게 인생이야.

아들 저는 조금 늦더라도 첫 뿌리를 좋은 곳에 내리고 싶어요. 말이 좋아 이직이지 사람도 한 번 뿌리내린 곳을 벗어나기 힘들어요. 저도 처음에는 세상을 긍정적으로 보고 나 자신을 믿었는데 세상 속에서 부딪치다 보니 세상이 만만치 않다는 것을 느꼈어요.

아빠 자신을 믿는 것 외에 다른 방법이 없어.

아들 가장 근소하게 떨어진 곳이 1.3점 차이니 조금만 더 당기면 될 것 같아요. 너무 걱정하지 마세요.

아빠 오케이, 너를 믿는다.

희망
사자의 꿈을 꾸어라

아빠 "죽음에 이르는 병은 절망"이라고 말한 철학자가 있어. 누군지 아니?

아들 키에르케고르죠.

아빠 너는 이 말에 대해 어떻게 생각하니?

아들 부분적으로는 맞지만 잘못된 말이라고 생각해요. 인간은 절망할 수 있지만 죽음에 이르는 병은 아니라 생각해요.

아빠 네 생각이 건강하다. 희망이 없어 절망하더라도 너무 오래 머물러 있으면 안 돼. 《노인과 바다》읽어봤지?

아들 물론이죠.

아빠 그 책을 보고 어떤 걸 느꼈어?

아들 유명세만큼 큰 느낌은 없었어요. 노인이 잡은 고기를 가지고 참치캔을 만들면 몇 개 만들 수 있을까, 배 위에서 회쳐먹으면 얼마나 맛있을까 이런 게 생각났어요.

아빠 다시 읽어봐. 쉬운 것 같아도 핵심을 이해하는 사람들이 많지 않아.

아들 아빠는 뭘 느꼈어요?

아빠 나는 "인간은 파괴될 수는 있어도 패배하지 않는다"는 말이 핵심이라 생각해. 절망으로 길이 안 보일 때 그 말을 생각해.

아들 저도 그 말이 생각나요. 중요한 것은 절망적인 상황이 아니라 그것을 받아들이는 태도가 아닐까요?

아빠 맞아. 어떤 사람에게는 절망이 죽음에 이르는 병이 될 수도 있지만 어떤 사람에게는 엄청난 힘을 발휘하는 계기가 되기도 해.

아들 그렇죠. 베토벤은 귀가 안 들리고 나서 더 위대한 작품을 만들었어요. 운명교향곡, 전원교향곡도 다 그때 나온 것이죠. 밀턴의 《실락원》도 그가 시력을 잃은 후에 쓴 작품이고.

아빠 상황이 고통을 만드는 것이 아니라 상황에 대한 내 생각이 고통을 만드는 것이야. 키에르케고르도 "죽음에 이르는 병이 절망"이라는 말을 하고 나서 "이것에 한 번도 걸린 일이 없는 것이 최대의 불행"이라는 말을 했어.

아들 그래요?

아빠 그는 "이 병에 걸리고 그것을 고치려고 하지 않는 것을 가장 위험한 병"이라고 했어.

아들 아무리 절망적인 상황이라도 죽음보다는 크지 않은데 왜 죽음을 택할까요? 죽을 용기가 있으면 그 용기로 살아보는 것이 더 낫지 않나요?

아빠 《노인과 바다》는 오랜 기다림 끝에 엄청 큰 물고기를 잡은 성공이야기일까, 잡기는 했지만 상어에게 살점을 다 뜯기고 뼈만 남은 실패이야기일까?

아들 둘 다 아니에요.

아빠 그럼 뭘까?

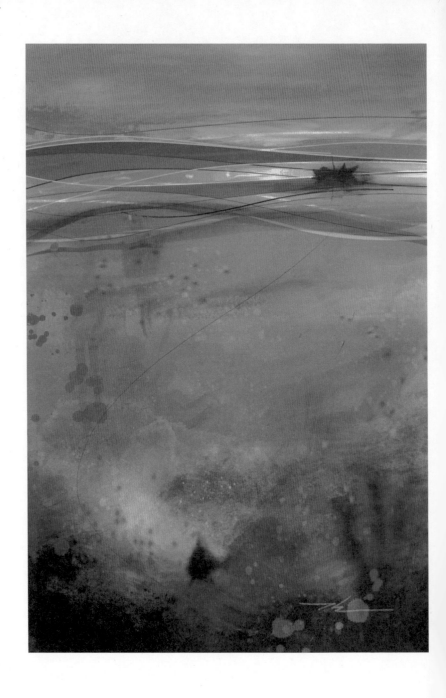

아들 패배하지 않는 것에 대한 이야기죠.

아빠 무엇에 대한 패배? 바다 아니면 상어?

아들 그것도 둘 다 아니에요. 인생에 대한 패배를 말하죠.

아빠 아까 느낀 것이 별로 없다더니 핵심을 잘 알고 있네. 노인이 처음 84일간은 한 마리도 못 잡았어. 바다에 낚시를 던진다고 다 잡히는 건 아니야. 너도 지금 낚싯줄을 던지고는 있지만 걸리는 것이 없어 실망할 때도 있지. 85일째 되는 날 노인의 낚시에 엄청 큰 청새치가 걸려들었듯이 네게도 언제 무엇이 걸릴지 알 수 없어.

아들 잡힐 때까지 던지겠습니다.

아빠 네가 힘들어하는 그날이 85일째 되는 날일 수도 있어.

아들 그날이 아니면 어쩌죠?

아빠 85일이 아니라 100일이면 어때? 노인이 한 이 말을 기억해.

아들 어떤 말요?

아빠 "누가 알아? 오늘이라도 운이 트일지? 매일 매일이 새로운 날인걸."

아들 기억은 나지 않지만 그런 마음으로 살게요.

아빠 노인이 뼈만 앙상하게 남은 청새치를 가지고 온 뒤에도 다시 바다에 가는 것을 포기하지 않았듯이 너도 좋은 결과가 없더라도 절대 포기하지 마.
　　　 절망의 반대가 뭐지?

아들 희망이죠.

아빠 루쉰의 시처럼 희망이란 본래 있다고도 할 수 없고 없다고도 할 수 없어. 끝까지 없을 수도 있지만 있을 거라 생각하고 만들어가는 것이지. 잃어버린 희망을 다시 찾아야 한다. 도저히 희망이 보이지 않더라도 찾아야 한다. 그래도 없다면 억지로라도 만들어야 한다. 왜냐하면 희망이 없다는 것은 죽음을 의미하는 것이기 때문이지. 사람들은 고정관념에 잡혀 다르게 볼 줄 아는 눈이 없는데 정말 어려울 때는 세상을 보는 눈을 바꾸어야 해.

아들   어떻게요?

아빠   역발상이야. 관점을 바꾸는 거지. '가출'을 거꾸로 하면 뭐가 돼?

아들   '출가'요

아빠   '자살'을 거꾸로 하면?

아들   '살자'

아빠   '내힘들다'는?

아들   '다들힘내'

아빠   가끔 힘들 때는 거꾸로 봐. 관점을 바꾸면 세상이 다르게 보인다.

아들   네.

아빠   네가 관점을 바꿨는지 테스트를 해보자. 물은 영어로?

아들   워터.

아빠   땡! 아니지. 물은 셀프. 얼음이 녹으면 뭐가 된다?

아들   물.

아빠   땡! 그리 쉬운 걸 묻겠니? 관점을 바꿔봐. 얼음이 녹으면 봄

이 돼.

아들 휴! 고정관념이 무섭네요.

아빠 고정관념을 버리고 관점을 바꾼다는 것이 쉬운 게 아니야.
'권토중래'란 말을 들어봤지?

아들 네, 대충 들어봤어요.

아빠 당나라 시인 두목은 항우가 유방에게 패하여 자살하지 않고
"흙먼지 일으키며 다시 쳐들어왔다(捲土重來)면 어찌 되었
을까" 하고 아쉬워하였다.

아들 저는 항우가 패전의 좌절을 딛고 훗날을 도모하였다면 다시
한 번 패권을 얻을 기회를 얻을 수 있었으리라 생각해요. 항
우는 한 번도 싸움에서 패한 적이 없었잖아요. 그러다가 크
게 패하니 절망한 거예요. 그게 그를 죽음으로 몰아넣은 것
이죠. 한신은 젊었을 때 동네 건달의 다리 밑으로 지나가는
수모를 겪으면서도 참고 훗날 큰일을 했어요.

아빠 부끄러움을 이기지 못하여 죽는 것이 사나이가 아니라 부끄
러움을 안고 참을 줄 아는 것이 사나이다.

아들 《노인과 바다》 마지막 장면에서 노인이 절망적인 상황에서도
"사자 꿈을 꾸고 있었다"고 한 말이 지금도 기억에 남아있어요.

아빠 그래. 사자는 자유와 의지를 상징해. 사자 꿈을 꾸는 사람은
정글에 나가는 것을 두려워하지 않지. 노인이 바다를 사랑
했듯이 너는 삶을 사랑하는 사람이 되길 바래.
사랑한다 아들아, 아모르 파티.

아들 네, 저도 사랑해요. 아모르 대디.

아들 의
생각

2021년 상반기, 공공기관 취직에 실패한 나는 한동안 끔찍한 패배주의에 찌들어 있었다. 고등학교를 졸업하며 다시는 이렇게 공부할 일이 없을 거라 생각했지만, 작년과 올해의 나는 고3 때보다 더 열심히 공부했다.

그러나 취업의 문은 너무나 높았다. 고액연봉의 직장을 괜히 나왔나 하는 생각을 수도 없이 했다.

취업만 문제일까, 끝도 모르고 치솟는 집값, 남녀갈등을 비롯해 온 사회에 만연해있는 혐오와 갈등, 내가 들어가기만 하면 거짓말처럼 떡락하는 주식….

주위 상황 어느 것 하나 비관적이지 않은 게 없었다. 그럴수록 나는 나 자신에게 책임을 돌리기보다 사회를 탓했다. 대통령을 욕하고 일론 머스크를 욕했다.

그래도 기분이 좀처럼 나아지지 않았다.

어느 정도 멘탈을 회복시키고 나니 "계속 떨어지는 것이 사회의 문제도 당연히 있겠지만 네가 아직 그 회사에 들어갈 준비가 안 된 것일 수도 있다"는 아버지와의 대화가 떠올랐다. 인정하기 싫었지만 인정할 수밖에 없다. 이런 상황에도 자신이 원하는 직장

에 떡하니 들어가는 사람은 있으니까. 사회가 나아지든 더 나빠
지든 내가 할 것은 바뀌지 않는다.
지금 나의 모습은 고양이에 불과하지만 나는 사자의 꿈을 꿀 것
이다. 목표를 향하여 힘을 기르고 계속 도전할 것이다.

맺음말

아빠   아들아! 너와 평소에 이야기한 것이 한 권의 책으로 나오게
되어 정말 기쁘다. 그동안 수고했다.

아들   저도 기뻐요. 아빠가 더 수고하셨어요. 평소에 아빠와 함께
대화하면서 많은 것을 배웠어요.

아빠   이렇게 정리하고 보니 우리가 그동안 나눈 대화가 정말 많
다는 생각이 든다. 이런 대화도 했었나 하는 것도 있어. 나
도 많이 배웠고, 서른 살 청춘이 너무 힘들다는 걸 느꼈어.

아들   저도 나중에 아빠가 되면 아들에게 잘 가르칠게요.

아빠   물론 그래야지. 그때는 그 시대에 맞는 지혜가 있겠지.

아들   물론이죠. 그러나 대부분의 지혜는 시대가 바뀌어도 변하지
않는다고 생각해요.

아빠   요즘 서른 살 청춘이 정말 힘든 것 같다. 너와 함께 이야기
할 때 즐거울 때가 많았지만 취업, 부동산, 가상화폐 이야기
를 할 때는 미안하기도 하고 가슴이 아팠다.

아들   아니에요. 어떤 시대든 그 시대의 아픔이 있어요. 그건 우리
세대들이 극복해 나가야죠. 아빠가 '물극필반'이라면서요.

비정상을 정상으로 바꾸는 것이 그 시대를 살아가는 사람들의 책임이죠.

아빠 그렇게 생각하니 다행이다. 청춘들의 몫도 있겠지만 기성세대의 책임이 더 커. 네가 공부하는 《언어논리》라는 책을 우연히 본 적이 있다. 다른 과목도 아니고 언어분야인데 책을 많이 읽었다고 자부하는 나도 풀기 어렵더라. 그런 책을 어떻게 공부하니?

아들 독서를 많이 하면 도움이 되겠지만 그게 전부는 아니에요. 푸는 요령이 있어요. 그것만 알면 그렇게 어렵지 않아요. 저는 그걸 늦게 알았어요. 앞으로는 잘될 거예요.

아빠 그렇구나. 그러면 다행이고. 나는 그 책을 보고 처음에는 작가로서 자괴감이 들더라.

아들 그렇게 생각하실 필요 없어요.

아빠 아들아, 문제가 없는 시절은 없었어. 역사적으로도 태평성대는 잠시뿐 전쟁이나 천재지변 그리고 질병으로 민초들이 사는 것은 항상 어려웠어. 지금 이 청춘들에게 매우 어려운 시기라고 볼 수도 있지만 역사적으로 가장 풍요롭고 기회가 많은 시기라고 볼 수도 있다. 그건 세상을 어떻게 보는가에 달려 있지.

아들 네, 세상을 바꿀 수는 없어도 세상을 보는 눈과 나 자신을 바꿀 수는 있어요. 걱정하지 마세요. 그동안 배운 것만으로도 잘할 수 있을 것 같아요.

아빠 이제 더 이상 가르쳐줄 게 없다. 하산해도 좋다.

아들 그건 중국 무술영화에서 자주 나오는 대사 아니에요?

아빠 무공이 그만하면 되겠지만 자만하지 말고 꼭 필요할 때만 쓰도록 해라.

아들 그것도 무술영화 대사. ㅎㅎ

아빠 어렸을 때 무협영화를 많이 봐서 그래. 마지막에 할 말까지 미리 다 하여 유언으로 남길 말이 없다.

아들 그래도 한 말씀은 남기셔야지요.

아빠 그래, 내 인생의 마지막 말은….

아들 뭔데요?

아빠 그 말을 하고 나면 죽어야 되는데 지금 하면 안 돼.

아들 돌아가실 때는 유머 한마디 하시고 마지막에 하고 싶은 말씀을 지금 해주세요.

아빠 좋다.

"너희들이 있어 행복했다. 사랑한다. 다시 만나자."

아들 그럼 저는 이렇게 말할 거예요.

"저도 아빠 덕분에 행복했어요. 사랑해요, 아빠!"

아빠 이렇게 말하니 곧 죽을 사람 같네.

아들 저도 가슴이 멍해져요.

아빠 아들아! 죽음을 기억해. 메멘토 모리!

아들 아빠! 아빠를 사랑해요. 아모르 대디!